Hannelore Rössel

Kommentierte Kopiervorlagen
Biologie

Rätsel im Biologieunterricht
für die aufgelockerte Biologiestunde

AULIS VERLAG DEUBNER & CO KG

Die Deutsche Bibliothek – CIP-Einheitsaufnahme

Rössel, Hannelore:
Rätsel im Biologieunterricht : für die aufgelockerte Biologiestunde / Hannelore Rössel. –
Köln : Aulis-Verl. Deubner, 1999
  (Kommentierte Kopiervorlagen Biologie)
  ISBN 3-7614-2086-2

Best.-Nr. 5111
© Alle Rechte bei AULIS VERLAG DEUBNER & CO KG, Köln 1999
Grafiken: *Brigitte Karnath-Eidner*, Wiesbaden und DTP-design, Alsfeld
Satz und Reproduktion: DTP-design, 36304 Alsfeld
Druck und Verarbeitung: Siebengebirgs-Druck, Bad Honnef
ISBN 3-7614-2086-2

> Das vorliegende Werk wurde sorgfältig erarbeitet. Dennoch übernehmen Autorin und Verlag für die Richtigkeit von Angaben, Hinweisen und Ratschlägen sowie für eventuelle Druckfehler keine Haftung.

Vorwort

Dass man mit einem Rätsel den Unterrichtsalltag **auflockern** und **abwechslungsreich gestalten** kann, ist bekannt, ebenso, dass die Beschäftigung mit einem Rätsel sich in aller Regel **motivationsfördernd** auf das Lernverhalten der Schüler auswirkt und **Freude am Lernen** weckt. Und wenn man außerdem die Rätsel jeweils von zwei, evtl. drei Schülern gemeinsam bearbeiten lässt, kann das einer (sachbezogenen) **Kommunikation der Schüler untereinander** zugute kommen.

Der Rätselband auf einen Blick

Die Rätselsammlung enthält ein inhaltlich breit gefächertes, vielseitig verwendbares und optisch abwechslungsreiches, kopierfertiges Rätselangebot mit zusätzlichen Kommentaren für den Lehrer:
- Alle Rätsel sind **themen- und altersspezifisch** angelegt;
- das Rätselangebot reicht **von Klasse 5 bis Jahrgang 13**;
- die **Bearbeitungszeiten** für die einzelnen Rätsel sind sehr unterschiedlich;
- zahlreiche verschiedene **Rätselarten** bieten immer wieder Neues;
- **Lehrerseiten** zu jedem Rätsel enthalten die Lösungen und nützliche Tipps.

Der Aufbau der Rätselsammlung

Der Band gliedert sich in **vier Kapitel**: I. Pflanzenkunde, II. Tierkunde, III. Menschenkunde und IV. Allgemeine Biologie; das zuletzt genannte Kapitel enthält Rätsel mit besonderer Themenstellung, z. B. Genetik, Ökologie, Naturstoffe, die Zelle. Innerhalb der Kapitel kommen zuerst die Rätsel mit speziellen Inhalten, es folgen die Übersichten über größere Themenbereiche. Themengleiche Rätsel sind meist unmittelbar aufeinander folgend angeordnet.

Dem **Inhaltsverzeichnis** können Sie außer den **Rätselthemen** und den **Rätselarten** auch die geeigneten **Klassenstufen** entnehmen und so einen ersten Anhaltspunkt über das Anforderungsniveau der Rätsel gewinnen. Diese Art der Präsentation ermöglicht es Ihnen, mit einem Blick festzustellen, ob Sie in der Rätselsammlung zu einem bestimmten Thema für ein bestimmtes Alter etwas Passendes finden können. – Es war nicht immer leicht, die Rätsel einem Themenbereich zuzuordnen; beispielsweise passen Rätsel zum Thema Wald oder zum Naturschutz, die man hier unter Ökologie findet, auch zur Pflanzen- oder Tierkunde, das erste Genetikrätsel hätte man auch der Menschenkunde zuordnen können. Es ist daher ratsam, beim Suchen nach Geeignetem auch stets im Kapitel Allgemeine Biologie nachzusehen.

Das Rätselangebot

1. Der Rätselinhalt

Es gibt Themenstellungen, die **für jüngere Schüler** geeignet sind und die die Stoffverteilungspläne hier vorsehen, und solche, die sich wegen ihres verallgemeinernden Charakters oder ihrer Komplexität nur **in höheren Klassen** unterrichten lassen – diesem Aspekt wurde versucht, bei der Auswahl der Rätselinhalte und der Formulierung der zugehörigen Fragen Rechnung zu tragen.

Da jedoch die **Lehrpläne** der einzelnen Bundesländer **voneinander abweichen** und es zudem typisch für die Schulbiologie ist, dass manche **bereits besprochenen Kapitel** später **auf höherer Ebene erneut** auf dem Programm stehen, werden zu einigen Themen mehrere Rätsel mit deutlich unterschiedlichem Anforderungsniveau angeboten. Das gilt z. B. für die Rätsel 8/9, 23/24, 26/27 und für die beiden Varianten von Rätsel 35.

Bei fast allen Rätseln muss ein **Lösungswort** gefunden werden, oft sind es auch mehrere, die miteinander in Zusammenhang stehen; meist handelt es sich um **besonders wichtige Begriffe** aus dem jeweiligen Themenkomplex. Mitunter ist das Lösungswort zugleich ein **mögliches Schlüsselwort** für einen über das Rätsel hinausgehenden Aspekt, den man zusätzlich behandeln kann; das ist beispielsweise bei den Rätseln Nr. 6, 20, 23, 24 und 27 der Fall.

2. Die Rätselarten

Das Rätselbuch enthält neben gängigen Rätselarten wie **Kreuzworträtseln** und **Silbenrätseln** auch andere Rätselformen, z. B. **Suchwort-Puzzles, Rätselspiralen, Rätselsterne, Kammrätsel** und **Bilderrätsel**, insbesondere zahlreiche **spezielle, auf den Inhalt zugeschnittene Darstellungsweisen**. Alle Rätsel sind gut überschaubar und „eigentlich" ohne nähere Erläuterungen lösbar. Trotzdem darf nicht unerwähnt bleiben, dass es immer wieder Schüler gibt – auch ältere – die sich noch nie mit dem Lösen eines Rätsels beschäftigt haben; einige hilfreiche Tipps können dann durchaus angebracht sein.

Manche der Rätsel sind **in 10 Minuten lösbar**, für andere benötigen die Schüler mindestens **30 Minuten**. Im Schnitt sind die Rätsel **für die jüngeren Schüler deutlich kürzer** als die für die älteren, die über mehr Ausdauer verfügen. Die Bearbeitungszeit hängt nicht nur von der Menge der Fragen ab, sondern wesentlich auch von der Ausführlichkeit der Begriffsumschreibungen und vom Schwierigkeitsgrad. Mitunter werden die Rätselseiten durch ein **zusätzliches Arbeitsblatt** ergänzt.

3. Die Verwendung der Rätsel

Einige Rätsel können von den Schülern der jeweils angegebenen Jahrgänge mit ihrem **Allgemeinwissen**, also weitgehend ohne unterrichtliche Voraussetzungen, gelöst werden; solche Rätsel eignen sich gut als **Einstieg** in eine Unterrichtsreihe und sollten im Unterricht selbst gelöst werden.

Manche Rätsel stellen inhaltlich einen **Querschnitt** durch einen Themenkomplex dar; sie sind für eine **Wiederholung** des zuvor durchgenommenen Stoffes geeignet, wobei man unterscheiden muss zwischen Rätseln, die sich eher als **stichpunktartige Übersicht** verstehen und solchen, die speziell genug sind, um als **Vorbereitung auf eine schriftliche Lernkontrolle** genutzt zu werden. Rätsel mit Wiederholungscharakter kann man ebenso in der Unterrichtsstunde wie zu Hause lösen lassen.

Weiterhin enthält die Rätselsammlung einige Rätsel zu **Sonderthemen**, die im Biologieunterricht aus Zeitgründen oft nur am Rande behandelt werden können und auf die man die Schüler durch die Beschäftigung mit den betreffenden Rätseln **aufmerksam machen** kann.

Eine Reihe von Rätseln eignet sich besonders für **letzte Stunden vor Ferienbeginn** oder andere spezielle Anlässe, manche z. B. auch für **Vertretungsstunden** in fremden Klassen. Für fremde Schüler wählt man Rätsel mit nicht allzu speziellen Fragestellungen aus, oder man erkundigt sich vorher, ob der Rätselinhalt dem Stand der Klasse entspricht.

Die Lehrerseiten

Jedem Rätsel sind Lehrerseiten nachgestellt, die die jeweilige **Lösung** enthalten, auf **mögliche Schwierigkeiten** beim Lösen aufmerksam machen und Hinweise geben, für **welche pädagogischen Vorhaben** sich das Rätsel besonders gut eignet. Mitunter enthalten sie **Zahlenmaterial** oder anders geartete Erläuterungen, die das Rätselthema ergänzen und Basis für ein anschließendes lehrreiches Unterrichtsgespräch sein können; auch **Vorschläge zur Erweiterung der jeweiligen Thematik** werden angeboten.

Um Ihnen eine erste, schnelle Information zu ermöglichen, enthält jede Lehrerseite unmittelbar nach der Lösung zunächst eine „Kurzinformation" mit Angaben über die **geeigneten Klassenstufen**, den **Schwierigkeitsgrad** (* bis ***) und die zum Lösen **benötigte Zeit**, wobei diese Angaben naturgemäß nur Richtwerte sein können.

Dank

Herzlich danke ich

– Herrn StD. *Dr. Kurt Freytag*, der das Zustandekommen der vorliegenden Biologie-Rätselsammlung durch zahlreiche Anregungen und wertvolle Hinweise unterstützte und freundlicherweise auch wieder – wie schon für den entsprechenden Chemie-Rätselband – das Lektorat übernahm,

– und meinem Mann, OStR. *Dr. Fritz Rössel*, der am Entstehen der Bio-Rätselsammlung maßgeblich beteiligt war – angefangen von Rätselideen bis hin zum Beschaffen von Zahlenmaterial und anderen Angaben für die Lehrerseiten.

Rechtschreibung, Kopierrecht

Das Buch richtet sich nach der **neuen Rechtschreibung**, was sich bei den Silbenrätseln besonders bemerkbar macht.

Selbstverständlich haben Sie mit dem Kauf der Rätselsammlung auch das **Recht erworben**, die Rätsel in Klassenstärke für Ihre Schüler **zu kopieren**.

Ausblick

Weitere 35 Rätsel zu unterrichtsrelevanten Themen werden in einem vergleichbar angelegten Folgeband erscheinen und so das jetzt vorliegende erste Biologie-Rätselbuch inhaltlich abrunden.

Ich wünsche Ihnen und Ihren Schülern viel Freude beim Rätseln!

Königstein/Taunus, im April 1999

Hannelore Rössel, OStRn.

Inhaltsverzeichnis

I. Pflanzenkunde

1. **Die Rätselblume**
   – ein Rätsel zu abgebildeten Blütenpflanzen .... (Kl. 5 - 10) 7
2. **Pflanzennamen**
   – ein Suchwort-Puzzle .... (Kl. 5 - 10) 10
3. **Pflanzen(bestandteile) als Nahrungsmittel**
   – ein Kammrätsel .... (Kl. 5 - 6) 12
4. **Vom Korn zum Brot**
   – ein Kreuzworträtsel über Getreide und Getreideprodukte .... (Kl. 9 - 10) 15
5. **Der Rätselbaum**
   – ein Rätsel zu Blättern und Früchten unserer Bäume .... (Kl. 6 - 10) 19
6. **Wein & Co.**
   – ein Silbenrätsel rund um den Wein .... (Kl. 9 - 10) 23
7. **Kreuz und quer durch die Pflanzenkunde**
   – ein Kreuzworträtsel .... (Kl. 7 - 9) 26

II. Tierkunde

8. **Schmetterlinge**
   – ein Bilderrätsel .... (Kl. 5 - 6) 29
9. **Insekten**
   – ein Bilderrätsel .... (Kl. 5 - 7) 31
10. **Amsel, Drossel, Fink und Star**
    – ein Kreuzworträtsel .... (Kl. 6 - 9) 33
11. **Haustiere**
    – ein Kammrätsel .... (Kl. 6 - 7) 36
12. **Tiernamen**
    – ein Suchwort-Puzzle zu Wirbeltieren .... (Kl. 5 - 10) 39
13. **Der „SEE"-Stern**
    – ein Rätselstern über Meerestiere .... (Kl. 6 - 10) 41
14. **Nicht ganz leicht**
    – ein Silbenrätsel zur Tierkunde .... (Kl. 7 - 9) 44
15. **Wer kennt sich da noch aus?!?!**
    – ein Rätsel über irreführende Tiernamen .... (Kl. 5 - 10) 48

III. Menschenkunde

A. SPEZIELLE THEMEN

16. **Kennst du dich aus?**
    – ein Kammrätsel zu Bewegungssystem und Atmung .... (Kl. 5 - 6) 50
17. **Findest du die passenden Begriffe?**
    – ein Kammrätsel zu Kreislauf und Stoffwechsel .... (Kl. 5 - 6) 52

18. **Durchblick?**
    – ein Silbenrätsel zum menschlichen Auge .... (Kl. 7 - 9) 54
19. **Medizinisches**
    – eine Rätselfigur. .... (Kl. 7 - 9) 56
20. **Blut und Blutkreislauf**
    – ein Rätselalphabet .... (Kl. 9 - 10) 58

   B. ÜBERSICHTEN

21. **Begriffe aus der Menschenkunde**
    – ein Kreuzworträtsel .... (Kl. 7 - 10) 62
22. **Menschenkunde und Allgemeine Biologie**
    – ein Kammrätsel .... (Kl. 10) 65

IV. Allgemeine Biologie

   A. GENETIK / EVOLUTION

23. **Gen & Co.**
    – ein Kreuzworträtsel zur Vererbungslehre .... (Kl. 8 - 10) 67
24. **Genetik**
    – ein Kreuzworträtsel für Fortgeschrittene .... (Sek. II) 70
25. **Spurensuche**
    – eine Rätselspirale zur Stammesgeschichte des Menschen ... (Sek. II) 74

   B. ÖKOLOGIE

26. **Unser Wald**
    – ein Silbenrätsel .... (Kl. 5 - 7) 77
27. **2 x rund um den Wald**
    – zwei Rätselfiguren .... (Kl. 8 - 10) 80
28. **Naturschutz von A - Z**
    – eine Rätselspirale .... (Kl. 5 - 8) 84
29. **2 x rund um das Wasser**
    – zwei Rätselfiguren .... (Kl. 7 - 9) 88
30. **Ökologie im Überblick**
    – ein Silbenrätsel .... (Sek. II) 91

   C. WEITERE THEMEN

31. **Die Zelle**
    – ein Silbenrätsel .... (Sek. II) 95
32. **Naturstoffe**
    – ein Rätselalphabet .... (Sek. II) 98
33. **N + P + K**
    – ein Silbenrätsel über Düngemittel .... (Sek. II) 101
34. **Radioaktivität und Biologie**
    – ein Kammrätsel .... (Sek. II) 105
35. **Wer war's?** und **Berühmte Forscher**
    – ein Briefmarkenrätsel in zwei Varianten .... (Kl. 8 - 10) 110

Schülerseite 1

Die Rätselblume
– ein Rätsel zu abgebildeten Blütenpflanzen –

Kennst du diese 16 Blütenpflanzen? Trage ihre Namen in die „Rätselblume" ein (Ö = OE, Ü = UE)! Außer den Beispielen 2 und 3 enden alle Namen mit dem Buchstaben E, der in der Mitte schon eingetragen ist. Welche der 16 Blumen kommt als erste im Jahr schon durch den Schnee hindurch, welche erscheint im Herbst als letzte auf den Wiesen?

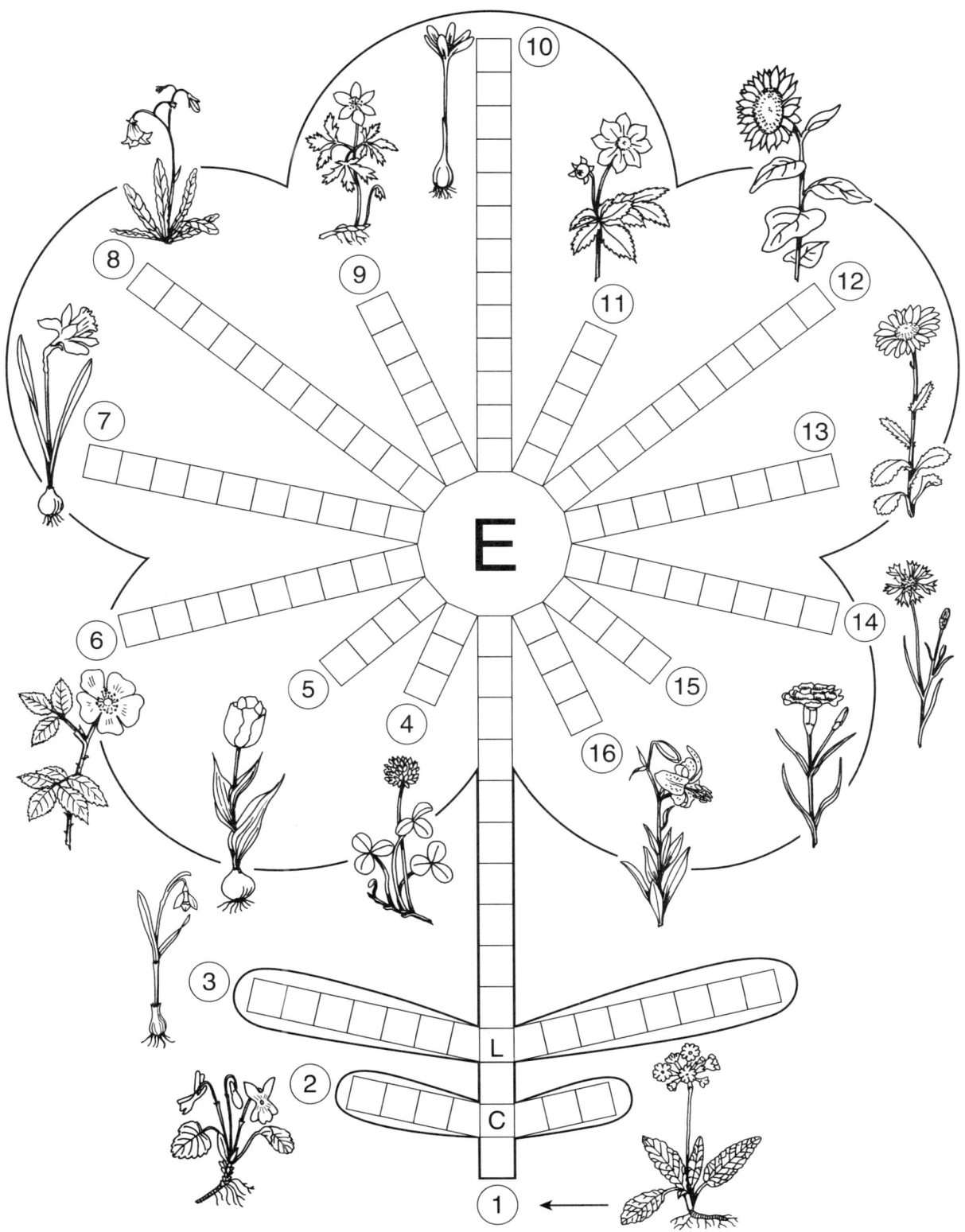

Aus: Rätsel im Biologieunterricht, Aulis Verlag Deubner & Co KG, Köln, 1999

1 Schülerseite (Ergänzung)

Lernkontrolle zur Rätselblume

Name: _____

1	_____	9	_____
2	_____	10	_____
3	_____	11	_____
4	_____	12	_____
5	_____	13	_____
6	_____	14	_____
7	_____	15	_____
8	_____	16	_____

Aus: Rätsel im Biologieunterricht, Aulis Verlag Deubner & Co KG, Köln, 1999

Lehrerseite

Lösung zu Rätsel 1:

1. Schluesselblume, 2. Veilchen, 3. Schneegloeckchen, 4. Klee, 5. Tulpe, 6. Heckenrose, 7. Osterglocke, 8. Glockenblume, 9. Anemone, 10. Herbstzeitlose, 11. Dahlie, 12. Sonnenblume, 13. Margerite, 14. Kornblume, 15. Nelke, 16. Lilie

Lösung: Als erste Blume im Jahr blüht das **Schneeglöckchen**, als letzte der 16 Blütenpflanzen die **Herbstzeitlose**.

Lösung der zugehörigen Lernkontrolle:

1. Schneeglöckchen
2. Anemone / Buschwindröschen
3. Osterglocke / Narzisse
4. Tulpe
5. Schlüsselblume
6. Veilchen
7. Glockenblume
8. Margerite / Wucherblume
9. Klee
10. Kornblume
11. Heckenrose
12. Lilie
13. Nelke
14. Sonnenblume
15. Dahlie
16. Herbstzeitlose

Klassenstufe: 5. - 10.
Schwierigkeitsgrad: * bis **
Benötigte Zeit: 10 Minuten

Weitere Hinweise:

In besonderem Maße eignet sich die „Rätselblume" für Schüler der 5. und 6. Klassen, aber auch bei älteren Schülern ist die **Formenkenntnis** oft gering; es zeigt sich immer wieder, dass selbst die gängigsten Blumen dem Namen nach unbekannt sind oder umgekehrt zwar bekannten Namen nicht die entsprechenden Pflanzen zugeordnet werden können. So lässt sich das Rätsel nicht nur zum **Wiederholen**, sondern auch zum **Erlernen** der Namen der abgebildeten Pflanzen nutzen; selbstverständlich bringt man die „Blumen der Jahreszeit" mit in den Unterricht – schon wegen der Größenverhältnisse und der Farbgebung.

Kleineren Schülern kann man das Lösen evtl. dadurch erleichtern, dass man zusätzlich die Anfangsbuchstaben bekannt gibt oder schon vor dem Kopieren einträgt. Der Schwierigkeitsgrad richtet sich in jedem Fall danach, ob und in welcher Ausführlichkeit das Thema „Pflanzennamen" im Rahmen der Pflanzenkunde behandelt wurde. Das Rätsel eignet sich nicht nur für eigene Biologieklassen, sondern kann auch gut für Vertretungsstunden bei fremden Schülern verwendet werden, zumal es sich in sehr unterschiedlicher Weise zu einer vollständigen Unterrichtsstunde erweitern lässt.

Weiterführende Fragen könnten sein:

- Welche der abgebildeten Blumen sind Frühblüher, welche blühen erst spät im Sommer? (in Erweiterung der Frage auf dem Rätselblatt)
- Kannst du weitere Namen für Nr. 7, Nr. 9, Nr. 13 der Rätselblume nennen?
- Welche Blumen sind typische Wiesenblumen, welche findet man eher im Wald, welche wachsen bei uns nicht wild? (nicht wild: Nr. 5, Nr. 11, Nr. 12 der Rätselblume)
- Welche der abgebildeten Blumen sind Korbblütler, welche nicht abgebildeten Korbblütler kennst du außerdem?
- Welche Farbe haben Nr. 1, Nr. 10, Nr. 14, ... der Rätselblume?
- Wie heißen die Früchte von Nr. 6 und von Nr. 12, und wozu verwendet man sie? (Hagebutten: Marmelade, Tee; Sonnenblumenkerne: Öl, Vogelfutter)
- Welche Besonderheiten zeigt Nr. 10 der Rätselblume? (die Blätter kommen im Frühjahr, die Blüten im Herbst; Blätter und Blüten sehr giftig)
- Welche Fähigkeit besitzen Nr. 4 (Klee) und andere Schmetterlingsblütler?

Das zusätzlich angebotene **Arbeitsblatt für eine schriftliche Lernkontrolle**, auf dem die Pflanzen nach ihrer ungefähren Blütezeit sortiert sind, kann u. U. in der nächsten Stunde verwendet werden.

2 Schülerseite

Pflanzennamen
– ein Suchwort-Puzzle –

Waagrecht und senkrecht sind **34 Feld-, Wald- und Wiesenpflanzen** versteckt. Ihre Namen können von links nach rechts geschrieben sein oder von rechts nach links, von oben nach unten oder von unten nach oben (Ä = AE, Ö = OE, Ü = UE, ß = SS). Rahme alle gefundenen Pflanzennamen ein und notiere sie auch!
Viele Buchstaben werden mehrfach benutzt, 30 Buchstaben bleiben übrig. Wenn du sie (in waagrechter Reihenfolge) aneinander reihst, erhältst du als **Lösung** des Rätsels **die Namen von 6 Bäumen**.

Die Lösung lautet:

_____ _____ _____ _____ _____ _____

A	S	T	E	R	E	I	D	E	S	S	I	Z	R	A	N	C
H	T	H	C	I	N	N	I	E	M	S	S	I	G	R	E	V
S	O	A	K	I	R	E	S	E	E	N	Z	I	A	N	R	E
P	R	I	M	E	L	L	T	B	U	H	C	H	E	I	O	I
R	C	I	R	I	S	K	E	E	S	O	I	B	A	K	S	L
I	H	F	I	E	C	E	L	H	T	M	O	O	S	A	E	C
N	S	C	H	L	U	E	S	S	E	L	B	L	U	M	E	H
G	C	E	E	E	S	S	U	F	N	E	N	H	A	H	E	
K	H	R	T	K	F	I	N	G	E	R	H	U	T	R	L	N
R	N	A	T	A	N	R	A	F	H	C	I	R	E	G	E	W
A	A	N	E	H	C	M	E	U	L	B	E	S	N	E	A	G
U	B	E	L	E	K	E	M	U	L	B	L	L	O	R	T	I
T	E	M	K	E	N	E	U	R	G	R	E	M	M	I	F	E
G	L	O	C	K	E	N	B	L	U	M	E	E	R	T	U	E
L	M	N	E	N	R	O	P	S	N	E	H	C	R	E	L	L
L	O	E	W	E	N	Z	A	H	N	E	L	L	I	M	A	K

Lehrerseite 2

Lösung zu Rätsel 2:

Waagrecht (21 Pflanzennamen):

Aster, Narzisse, Vergissmeinnicht, Erika, Enzian, Primel, Iris, Skabiose, Moos, Schluesselblume, Hahnenfuss, Fingerhut, Farn, Wegerich, Gaensebluemchen, Trollblume, Immergruen, Glockenblume, Lerchensporn, Loewenzahn, Kamille

Senkrecht (13 Pflanzennamen):

Springkraut, Storchschnabel, Anemone, Klette, Akelei, Nelke, Distel, Mohn, Arnika, Margerite, Rose, Veilchen, Klee

Die Namen der 6 Bäume sind: Eiche, Buche, Fichte, Erle, Kiefer, Ulme

Klassenstufe: 5. - 10.
Schwierigkeitsgrad: *
Benötigte Zeit: ca. 15 Minuten

Weitere Hinweise:

Vertretungsstunden sind weder bei Lehrern noch bei Schülern beliebt, und es fällt nicht immer leicht, eine Vertretungsstunde sinnvoll zu gestalten; eigens hierfür wurde dieses Suchwort-Puzzle entwickelt (vgl. auch Rätsel 12, ein Suchwort-Puzzle zu Wirbeltieren). Selbstverständlich kann man das Rätsel **auch in eigenen Klassen** im Rahmen der Pflanzenkunde zur **Auflockerung** des Unterrichts lösen lassen, gut auch als **Hausaufgabe**. Es eignet sich aber auch für **Projekttage** mit entsprechender Themenstellung oder vorbereitend auf einen **Lehrausflug**. Die im Rätsel versteckten Namen sind den Schülern großenteils bekannt, sie werden sie deshalb leicht *finden* – wie weit sie die betreffenden Pflanzen auch *kennen*, ist eine andere Frage; einige Beispiele, zumindest als Abbildungen, sollte man jedenfalls bereithalten.

Je nach pädagogischem Vorhaben und in Abhängigkeit vom Alter der Schüler wird das Rätsel anschließend **ausgewertet**, etwa durch folgende Arbeitsanweisungen oder Fragen:
– Nenne (einige) gelbe, blaue, ... Blütenpflanzen!
– Suche Frühblüher, Waldpflanzen, Korbblütler, ... heraus!
– Welches ist die einzige Zwiebelpflanze, die das Rätsel enthält?
– Welche beiden Pflanzen sind keine Blütenpflanzen?
– Stelle typische Merkmale für Eiche, Buche, Fichte, ... zusammen!

Zum schnellen Auffinden der Lösung:
(evtl. eine Folie davon ziehen)

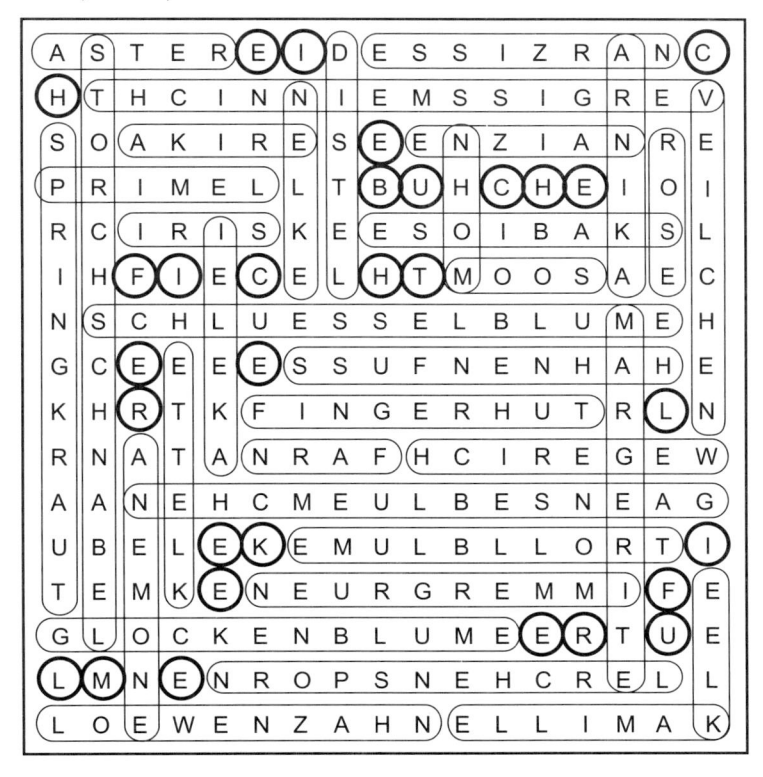

Pflanzen(bestandteile) als Nahrungsmittel
– ein Kammrätsel –

Trage die 22 gesuchten Nahrungsmittel senkrecht ein. Zu den 4 Pflanzen, die sich dann waagrecht ergeben, gehören noch 3 weitere aus den senkrechten Spalten; welche? Nr. _____ , Nr. _____ und Nr. _____.

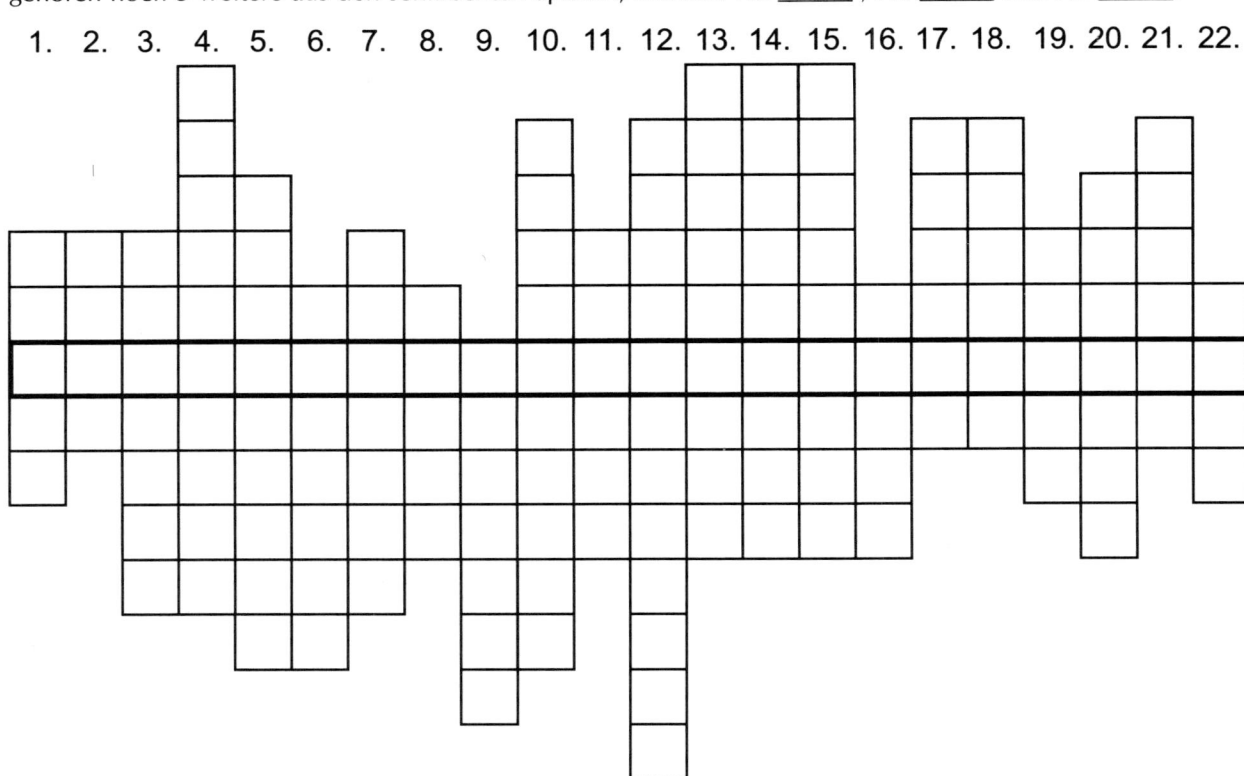

1. Hülsenfrucht; zum Emporranken bestimmter Sorten werden Stangen benötigt
2. weltweit sehr wichtige Getreideart; du kennst sie als Popcorn
3. orangefarbige Wurzel, die als Gemüse gegessen wird; es gibt verschiedene Namen für sie
4. Gewürzkraut, wird oft auf Nr. 3 gestreut
5. Kohlgemüse mit vielen sehr kurzen, kleinen Trieben
6. sie wird besonders zum Würzen von Bratensaucen benutzt; von ihr hast du bestimmt schon dünne Häutchen abgezogen und unter dem Mikroskop betrachtet
7. große, im allgemeinen gelbliche Frucht, die man süß oder sauer zubereiten kann; die Pflanze wird häufig auf Komposthaufen angepflanzt (Ü = UE)
8. Hülsenfrucht, bräunliches Aussehen
9. saure, gelbe, südländische Frucht, deren Saft zu Getränken verarbeitet wird; sie enthält viel Vitamin C
10. weitere Kohlart; die Anlage des Blütenstandes wird als Gemüse verwertet
11. gelbes, südländiches Obst, sehr wichtiges Handelsobjekt
12. der Name dieses Obstes ist eigentlich falsch, denn die Pflanze hat Dornen
13. die Blätter der Pflanze werden roh gegessen; in südlichen Ländern soll man sie nicht genießen, da sie im allgemeinen in ungekochtem Wasser gewaschen werden
14. hochwertiges Nahrungs- und Futtermittel; alte Kulturpflanze der Indianer, die um 1570 in Europa eingeführt wurde
15. gelbes Steinobst
16. Hülsenfrucht; man gibt ihr zum Hochranken üblicherweise 1 m hohe Reiser
17. gelbrotes, südländisches Obst, wird besonders im Winter gern verzehrt, schützt vor Skorbut
18. Brotgetreide mit mittellangen Grannen
19. lang gestreckte grüne Frucht, mit Nr. 7 verwandt; sie wird als Salat oder Gemüse zubereitet oder in Essig eingelegt
20. gekräuseltes Kohlgemüse
21. bis 1,5 m hohes, rauhhaariges Nachtschattengewächs mit roter, fleischiger Frucht; mit Nr.14 verwandt
22. tropische und subtropische Getreideart, benötigt viel Wasser; sie wurde bereits vor 5000 Jahren in China angebaut

Lehrerseite 3

Lösung zu Rätsel 3:

1. B**o**hne, 2. Ma**i**s, 3. Ka**r**otte, 4. Peter**s**ilie, 5. Ros**e**nkohl, 6. Z**w**iebel, 7. Ku**e**rbis, 8. Lin**z**e, 9. Z**e**itrone, 10. Blum**en**kohl, 11. B**a**nane, 12. Stac**h**elbeere, 13. Kopfsalat, 14. Kartoffel, 15. Mirabelle, 16. Erbse, 17. Orange, 18. Roggen, 19. Gurke, 20. Wirsing, 21. Tomate, 22. Reis

Lösungsworte: HIRSE – WEIZEN – HAFER – GERSTE

Außerdem gehören noch dazu: Nr. 2, Nr. 18 und Nr. 22.

Klassenstufe: 5. - 6.
Schwierigkeitsgrad: *
Benötigte Zeit: 10 - 15 Minuten

Weitere Hinweise:

Mit Schwierigkeiten beim Lösen des Rätsels ist nicht zu rechnen, da die Fragen weitgehend dem **Erfahrungshorizont der Schüler** entsprechen. Das Rätsel lässt sich deshalb jederzeit im Rahmen einer Unterrichtseinheit über Nahrung und Ernährung verwenden: bereits als Einstieg in die Thematik, selbstverständlich für eine abschließende Zusammenfassung, gut auch als Hausaufgabe.

Risikolos, da nicht von unterrichtlichen Voraussetzungen abhängig, kann man das Rätsel auch zu **Vertretungsstunden** in fremde Klassen mitnehmen, zumal es sich in vielerlei Hinsicht auswerten und so zu einer vollständigen Unterrichtsstunde ausbauen lässt.

Nahe liegend ist es, auf die **verschiedenen Getreidearten und ihre Bedeutung** für unsere Ernährung einzugehen. Aber auch nach **anderen Gesichtspunkten** kann man das Rätsel aufschlüsseln. **Mögliche Schlüsselfragen**, die im Unterrichtsgespräch geklärt werden oder – wenn das Rätsel zuvor im Unterricht gelöst wurde – als Hausaufgabe aufgegeben werden können, sind beispielsweise:

– Welche Pflanzenteile können Nahrungsmittel liefern?
– Zu welchen Nahrungsmitteln wird Getreide verarbeitet?
– Welche Getreidearten sind bei uns, welche in anderen Ländern / Kontinenten besonders wichtig?
– Welche sog. Grundnahrungsmittel sind im Rätsel enthalten?
– Welche Beispiele sind wichtige Stärke- bzw. Eiweißlieferanten?
– Welche Beispiele zählen zu den Hülsenfrüchten, und was zeichnet sie aus?
– Welche Kohlarten kommen im Rätsel vor, welche kennst du außerdem?
– Bei welchen Beispielen handelt es sich um Zitrusfrüchte bzw. um (sub-)tropische Früchte?
– Welche Bedeutung haben Obst und Gemüse für unsere Ernährung?
– Was weißt du über Mangelkrankheiten?

Einige Zahlenangaben, die für die Auswertung des Rätsels nützlich sein können:

I. Über 90 % der **pflanzlichen Nahrung der Weltbevölkerung** werden von weniger als einem Dutzend Kulturpflanzen geliefert, von denen die vier wichtigsten (mengenmäßig) Mais, Reis, Weizen und Kartoffeln sind.

II. **Welternteertrag an Getreide 1994** in Mio t (Werte aus: Die Vielfalt der Nutzpflanzen; Bundesministerium für Ernährung, Landwirtschaft und Forsten, Februar 1997):

Mais	570	Gerste	161	
Reis	534	Hirsen	87	(davon Rispenhirse 61)
Weizen	528	Hafer	34	
(Kartoffeln	265)	Roggen	23	

III. Landnutzung in Deutschland 1994 (nach: Die Vielfalt der Nutzpflanzen; Bundesministerium für Ernährung, Landwirtschaft und Forsten, Februar 1997)

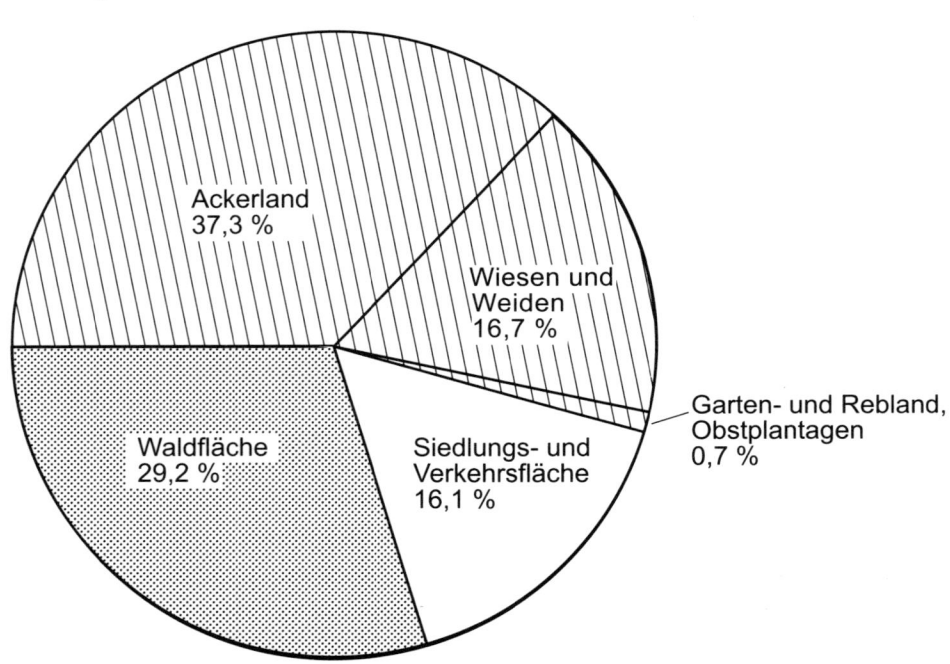

- Landwirtschaftliche Nutzfläche 54,7 %
- Waldfläche 29,2 %
- Siedlungs- und Verkehrsfläche 16,1 %

Ackerland 37,3 %
Wiesen und Weiden 16,7 %
Waldfläche 29,2 %
Siedlungs- und Verkehrsfläche 16,1 %
Garten- und Rebland, Obstplantagen 0,7 %

IV. Anbaufläche von Getreide in Deutschland 1994 in Prozent der Gesamtanbaufläche (nach: Die Vielfalt der Nutzpflanzen; Bundesministerium für Ernährung, Landwirtschaft und Forsten, Februar 1997)

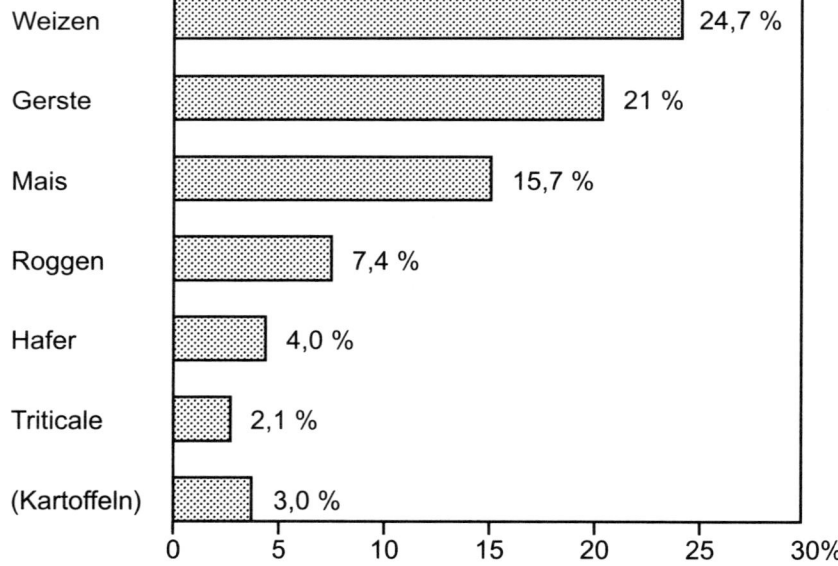

- Weizen 24,7 %
- Gerste 21 %
- Mais 15,7 %
- Roggen 7,4 %
- Hafer 4,0 %
- Triticale 2,1 %
- (Kartoffeln) 3,0 %

Schülerseite 4

Vom Korn zum Brot
– ein Kreuzworträtsel über Getreide und Getreideprodukte –

50 mal geht es in diesem Rätsel um „Getreide" – um das **Erkennen** der verschiedenen Getreidearten und ihre **Verbreitung** ebenso wie um die unterschiedlichsten **Nahrungsmittel** auf Getreidebasis und deren **Zubereitung**. Findest du die passenden Begriffe? Beachte beim Eintragen deiner Antworten, dass Umlaute als zwei Buchstaben geschrieben werden und ß als SS.

Die **eingekreisten Buchstaben** ergeben der Reihe nach das **Lösungswort**; es handelt sich um das Ergebnis von „Weizen x Roggen", in der Fachsprache von „Triticum x Secale", und heißt:

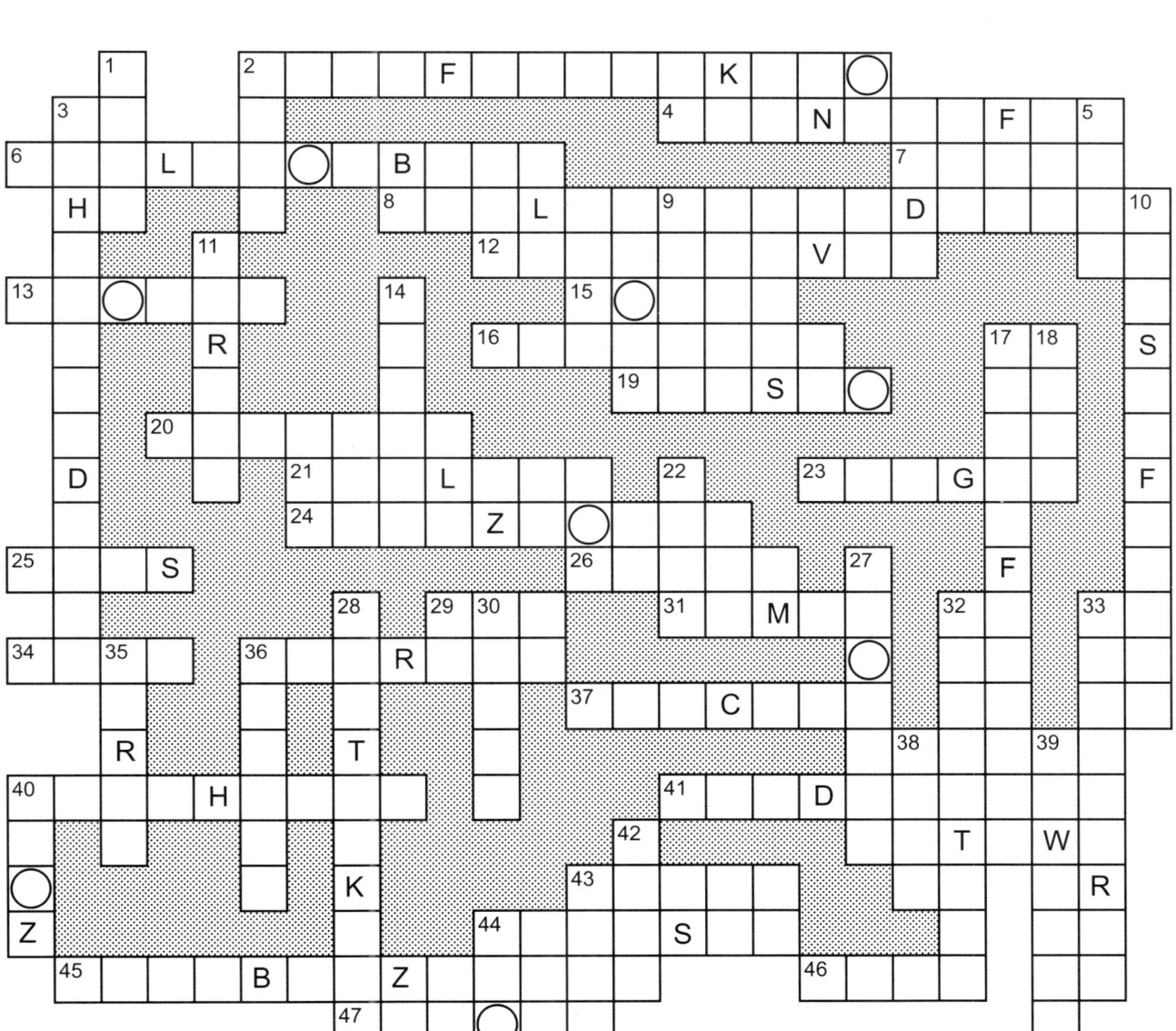

Aus: Rätsel im Biologieunterricht, Aulis Verlag Deubner & Co KG, Köln, 1999   15

4 Schülerseite

Waagrecht (28 Fragen):

2. eine für die Herstellung von Backwaren wichtige Eigenschaft des Getreides, hängt vom Eiweißgehalt des Mehls ab; 4. weltweit verbreiteter Schädling der Getreidevorräte, Insekt, legt seine Eier in Getreidekörner, die Larven zerstören das Korninnere; 6. eine Backware, die alle Teile des ungeschälten Korns enthält, auch den Keimling; 7. die beim Mahlen der Getreidekörner abfallenden Schalen und Randschichten einschließlich der Keimlinge, reich an Eiweiß und Vitamin B; 8. Gas, das sich während des Lockerns des Teiges, beim sog. „Aufgehen", im Teig entwickelt; 12. ein Treibmittel (Lockerungsmittel) z. B. für Kuchenteig; 13. das weltweit wichtigste Brotgetreide; auch unsere Teigwaren werden im wesentlichen daraus hergestellt; 15. trockene, fruchtentleerte Blätter und Stängel der Getreidepflanze, Bedeutung vor allem als Viehfutter und Stallstreu, wurde und wird in manchen Gegenden auch als Dachabdeckung genutzt; 16. Sammelbezeichnung für Weizen, Roggen, Hafer, Gerste usw.; 19. beliebtes nähr- und ballaststoffreiches Frühstücksgericht, enthält außer Getreideflocken z. B. auch Nüsse und Rosinen und wird mit Milch angerührt; 20. Hauptnährstoff im Getreidekorn; 21. die Hülsen der Getreidekörner; 23. früher in Deutschland die wichtigste Getreideart, hat begrannte, überhängende Ähren, liefert dunkles Brot („Schwarzbrot"), Bedarf weltweit rückläufig; 24. Abbauprodukt der Stärke, Zweifachzucker; 25. Getreideart von kräftiger Wuchsform, am reifen Kolben sitzen einige hundert gelbe Körner in mehreren Reihen und spiralig angeordnet; stammt aus Zentralamerika; 26. Getreide mit rispenförmigem Fruchtstand, vor allem Futtergetreide (Pferde-, Geflügelfutter); stellt geringe Bodenansprüche, benötigt ein feuchtkühles Klima; 29. Abkürzung für „Food and Agriculture Organization", die Fachorganisation der Vereinten Nationen für Ernährung und Landwirtschaft, zu deren wichtigsten Aufgaben die Verbesserung, Sicherung und Erweiterung der Nahrungsmittelversorgung der Weltbevölkerung zählen; 31. sehr alte Weizensorte, älter als Nr. 14 senkrecht; 34. fein gemahlenes Getreideprodukt, das wichtigste Getreideerzeugnis; man unterscheidet verschiedene Ausmahlungsgrade; 36. Name für die Getreidefrüchte; 37. beliebtes, aus Maiskörnern hergestelltes Naschwerk; 40. Brot aus Weizen- und Roggenmehl, auch „Graubrot" genannt; 41. Bezeichnung für eine 1965 gezüchtete tropische Getreidesorte mit besonders standfesten Pflanzen und stark erhöhtem Ernteertrag; 43. Fruchtstand von Hafer, Reis, auch einer Hirseart; 44. Pflanzengruppe, zu der die Getreidepflanzen gehören; 45. der bekannteste Einfachzucker, Abbauprodukt der Stärke; 46. seine Zubereitung erfolgt durch Kneten oder Rühren; vor der Weiterverarbeitung muss er je nach Art mitunter „ruhen", für die Brotherstellung enthält er nur Wasser, Mehl, Salz und ein Treibmittel; 47. verhältnismäßig fein gemahlenes Getreideprodukt, meist aus Gerste, aber auch aus Weizen hergestellt, eignet sich z. B. für die Zubereitung von Suppen, Brei und Pudding.

Senkrecht (22 Fragen):

1. Teil der Getreidepflanze (Sprossachse), wird durch Querwände unterteilt, was Festigkeit verleiht; 2. die wichtigste Backware, Grundnahrungsmittel; 3. chemische Bezeichnung für die Stoffgruppe, zu der Stärke, Cellulose und die verschiedenen Zuckerarten gehören; 5. tropisches Getreide, Anbaugebiete vor allem in Asien, von besonderer Bedeutung der Anbau in überschwemmten Feldern; Körner kommen bei uns i. a. geschält, meist auch geschliffen und poliert, in den Handel; 9. das beim Ausdreschen der Getreidekörner abfallende Material (die leichten Teile der Getreidepflanze); 10. veraltetes Gerät zum Herausschlagen der Körner aus dem Fruchtstand; 11. Getreide mit überhängenden Ähren und sehr langen Grannen, Ausgangsmaterial für so unterschiedliche Produkte wie Graupen, Malzkaffee, Bier; Getreidefelder in vollreifem Zustand sind leuchtend gelb; 14. alte Weizensorte, wird heute wieder verstärkt angepflanzt wegen ihrer besonders hochwertigen Eiweißzusammensetzung, Ernteertrag geringer als bei Saatweizen; 17. enthülste und gequetschte Körner einer bestimmten Getreideart, lassen sich roh oder gekocht sehr vielseitig verwenden; 18. Bezeichnung für das wichtigste Getreide eines Landes oder einer Region, z. B. in Frankreich für Weizen, in Deutschland – historisch begründet – für Roggen; 22. Pilz, Treibmittel für manche Kuchenteige und bestimmte Brotsorten; 27. die langen Fortsätze der Spelzen; 28. Phase des Verzweigens junger Getreidepflanzen; 30. Fruchtstand von Weizen, Roggen, Gerste; 32. das althergebrachte Treibmittel für die Brotherstellung; 33. eine aus Weizenmehl mit Hilfe von Hefe hergestellte Backware; 35. sehr anspruchslose Getreideart, in vielen Ländern Afrikas das Hauptnahrungsmittel, auch in Asien (Indien, China) von großer Bedeutung für die Ernährung der Bevölkerung; nicht backfähig, wird zu Brei, Suppen und Fladenbrot verarbeitet; im Mittelalter in Deutschland verbreitet; 36. Inhaltsstoff der Getreidekörner, bewirkt die Backfähigkeit, besteht aus bestimmten Eiweißen; 38. Getreidespeise, von besonderer Bedeutung bei nicht backfähigem Getreidematerial; 39. zweithäufiger Bestandteil der Getreidekörner; 40. Bezeichnung für die frisch gekeimte Gerste; 42. alkoholisches Getränk, das aus Getreide, bei uns meist aus Gerste, hergestellt und mit Hopfen gewürzt wird.

Lehrerseite 4

Lösung zu Rätsel 4:

Waagrecht: 2. Backfaehigkeit, 4. Kornkaefer, 6. Vollkornbrot, 7. Kleie, 8. Kohlenstoffdioxid, 12. Backpulver, 13. Weizen, 15. Stroh, 16. Getreide, 19. Muesli, 20. Staerke, 21. Spelzen, 23. Roggen, 24. Malzzucker, 25. Mais, 26. Hafer, 29. FAO, 31. Emmer, 34. Mehl, 36. Koerner, 37. Popcorn, 40. Mischbrot, 41. Wunderreis, 43. Rispe, 44. Graeser, 45. Traubenzucker, 46. Teig, 47. Griess

Senkrecht: 1. Halm, 2. Brot, 3. Kohlenhydrate, 5. Reis, 9. Spreu, 10. Dreschflegel, 11. Gerste, 14. Dinkel, 17. Haferflocken, 18. Korn, 22. Hefe, 27. Grannen, 28. Bestockung, 30. Aehre, 32. Sauerteig, 33. Weissbrot, 35. Hirse, 36. Kleber, 38. Brei, 39. Eiweiss, 40. Malz, 42. Bier

Lösungswort: TRITICALE

Klassenstufe:	9. -10.
Schwierigkeitsgrad:	***
Benötigte Zeit:	ca. 30 Minuten

Weitere Hinweise:

Nicht nur wegen seines Umfangs, sondern vor allem wegen der teilweise doch recht speziellen Fragen ist das Rätsel als **sehr anspruchsvoll** zu bezeichnen. Ein größeres Maß an Spezialwissen müssen die Schüler schon mitbringen, um die Fragen zur **Morphologie der Getreidepflanzen** beantworten zu können – für Großstadtkinder, wenn dies kein Unterrichtsthema war, sicherlich ein größeres Problem als für Schüler aus ländlicher Umgebung. Auch bezüglich täglicher **Lebensmittel auf Getreidebasis** wird einiges erfragt, was den Schülern zwar bekannt sein sollte, es aber in der Regel nicht ist. Das Rätsel ist somit geeignet, beide Aspekte miteinander zu verknüpfen; es lässt sich besser innerhalb des Themenkomplexes „Die Ernährung des Menschen" als Ergänzung nutzen als im Rahmen der Pflanzenkunde, obwohl auch dies möglich ist – hier evtl. als Hausaufgabe. Wegen seines **fächerübergreifenden Charakters** (Erdkunde: Standortbedingungen / Sozialkunde: Ernährungssituation der Weltbevölkerung) eignet es sich gut auch zu Projektwochen mit entsprechender Ausrichtung.

Die **gesuchten Begriffe** sind relativ ausführlich umschrieben; die Fragen enthalten mehr Informationen, als zu ihrer Beantwortung nötig sind. Deshalb sollte man den Schülern genügend Zeit lassen, sie gründlich durchzulesen. Um das Lösen zu erleichtern, sind **einige Buchstaben vorgegeben**; ein längeres als 30-minutiges „Knobeln" erscheint nicht sinnvoll – besonders deshalb nicht, weil man **zumindest andeutungsweise auf das Lösungswort** und damit auf neue Anstrengungen in der Forschungsarbeit zur Nutzung von Gertreidesorten **eingehen** sollte.

Zum Lösungswort:

Unter Triticale versteht man Getreidesorten, die aus der **Kreuzung von Weizen (Triticum) ♀ und Roggen (Secale) ♂** entstanden sind. Die umgekehrte Kreuzung (Roggen ♀ x Weizen ♂) heißt Secalotricum (auch Secalotriticum) und hat bisher keine wirtschaftliche Bedeutung. 1875 wurde erstmals eine natürliche, d. h. spontan erfolgte Weizen - Roggen - Bastardisierung beobachtet. Die einfachen Kreuzungsprodukte sind fast immer steril, erst eine **Chromosomenverdopplung durch Colchicinbehandlung und anschließende Embryokultur führen zu Fruchtbarkeit der Kreuzungsprodukte**; weitere Kreuzungen der verschiedenen Triticale-Sorten miteinander und mit den Elternarten ergaben formenreiches Material für eine intensive züchterische Bearbeitung in vielen Ländern.

Falls Schüler fragen: Triticale ist ein Produkt der Biotechnologie, aber kein Produkt der Gentechnik!

Die **heutigen Triticale-Sorten** sind je nach Ausgangsarten
- entweder hexaploid (tetraploider Weizen x Roggen): AA BB RR
- oder octoploid (hexaploider Weizen x Roggen): AA BB DD RR;

Roggen ist diploid. Das Aussehen von Triticale ist sehr unterschiedlich: Es gibt Sorten mit roggenähnlicher Begrannung, andere Sorten haben kürzere oder gar keine Grannen.

Die **Vorteile** der neuen Triticale-Sorten gegenüber Weizen sind eine verbesserte Resistenz gegenüber verschiedenen Pilzkrankheiten und u. U. höhere Hektarerträge, die Standfestigkeit einzelner Sorten ist gut, die Winterfestigkeit entspricht der des Weizens; weitere Verbesserungen gehören zu den Zuchtzielen. Bei sehr ungünstigen Bodenbedingungen erzielt Roggen die höchsten Erträge, bei sehr guten Böden Weizen, bei mittleren Bedingungen erweist Triticale sich den beiden Elternarten als überlegen.

4 Lehrerseite

Die **Weltanbaufläche** von Triticale nahm in den vergangenen Jahren rapide zu, sie befindet sich im wesentlichen in Europa:
1984: Weltanbaufläche 0,57 Mio ha, europäische Anbaufläche 0,41 Mio ha;
1992:   "   2,43 Mio ha,   "   "   1,92 Mio ha.

Die **führenden Anbauländer** für Triticale sind Polen, die ehemalige UdSSR, Deutschland und Frankreich; Werte von 1992:

Polen:	27,0% der Weltanbaufläche,	34,3% der europ. Anbaufläche;
ehem. UdSSR:	20,6% " " ,	26,0% " " " ;
Deutschland:	8,5% " " ,	10,8% " " " ;
Frankreich:	6,7% " " ,	8,4% " " " .

Die **bedeutendsten Anbaugebiete von Triticale in Deutschland** sind Nordrhein-Westfalen und Niedersachsen mit je etwa 8,6% und Brandenburg mit 6,5% der Getreideanbaufläche des betreffenden Bundeslandes; der Bundesdurchschnitt liegt bei 3,7%.
(Sämtliche Werte aus: Triticale aktuell, DLG-Verlag Frankfurt/Main 1994.)

Triticale dient zur Zeit vor allem als **Körnerfutter** und als **Grünfutter**; als Rohstoff für die Branntweinbrennerei ist es sehr geeignet, darf jedoch in Deutschland aus juristischen Gründen nicht dazu benutzt werden; denkbar wäre wegen der hohen Biomasse-Produktion auch eine Verwertung als Energiepflanze. Zur **menschlichen Ernährung** wird Triticale trotz seines hohen ernährungsphysiologischen Wertes (hoher Gehalt an Mineralien und Vitaminen) bisher **nicht genutzt**, denn es hat sehr ungünstige müllerei- und bäckereitechnische Eigenschaften (geringe Mehlausbeute beim Mahlen, schlechte Qualität des Klebers). Züchtungsanstrengungen zur Verbesserung dieser Eigenschaften finden in Deutschland derzeit nicht statt.

Der Rätselbaum
– ein Rätsel zu Blättern und Früchten unserer Bäume –

Bei einem Streifzug durch Wald und Feld kannst du viele der hier abgebildeten Blätter sehen und je nach Jahreszeit vielleicht auch die zugehörigen Blüten oder Früchte. Trage die Namen der 16 Bäume, die alle mit dem Buchstaben E enden, der Reihe nach in den „Rätselbaum" ein (Ä = AE)!

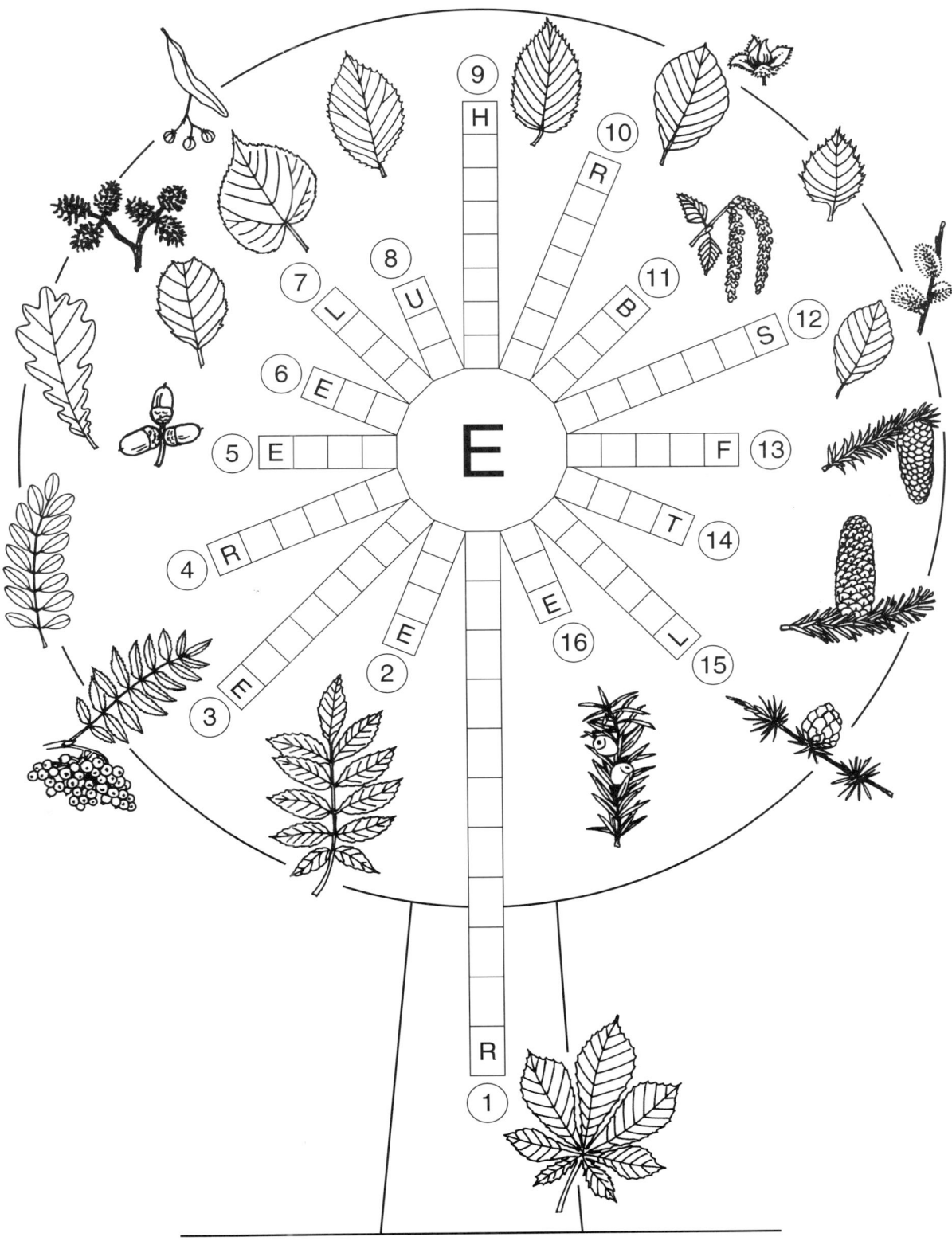

5 Schülerseite (Ergänzung)

Lernkontrolle zum Rätselbaum

Name: _____

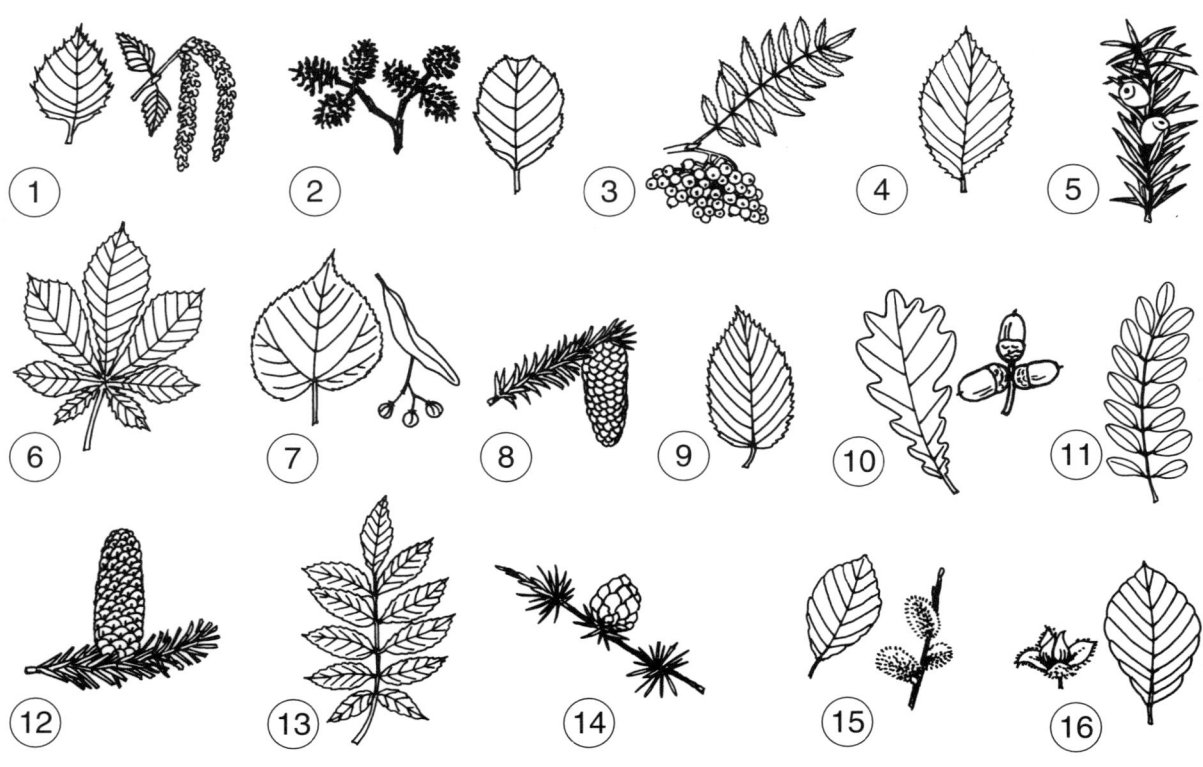

Ordne den folgenden Baumarten die richtigen Abbildungen zu:

Baumart		Zu welchen Bäumen gehören die anderen Abbildungen?
Tanne	Nr. ◯	Nr. ◯ _____
Eberesche	Nr. ◯	Nr. ◯ _____
Eiche	Nr. ◯	Nr. ◯ _____
Rosskastanie	Nr. ◯	Nr. ◯ _____
Erle	Nr. ◯	Nr. ◯ _____
Lärche	Nr. ◯	Nr. ◯ _____
Rotbuche	Nr. ◯	Nr. ◯ _____
Ulme	Nr. ◯	Nr. ◯ _____

Lehrerseite 5

Lösung zu Rätsel 5:

1. Rosskastanie, 2. Esche, 3. Eberesche, 4. Robinie, 5. Eiche, 6. Erle, 7. Linde, 8. Ulme, 9. Hainbuche, 10. Rotbuche, 11. Birke, 12. Salweide, 13. Fichte, 14. Tanne, 15. Laerche, 16. Eibe

Lösung der zugehörigen Lernkontrolle:

Tanne:	Nr. 12	Nr. 1:	Birke
Eberesche:	Nr. 3	Nr. 5:	Eibe
Eiche:	Nr. 10	Nr. 7:	Linde
Rosskastanie:	Nr. 6	Nr. 8:	Fichte
Erle:	Nr. 2	Nr. 9:	Hainbuche
Lärche:	Nr. 14	Nr. 11:	Robinie
Rotbuche:	Nr. 16	Nr. 13:	Esche
Ulme:	Nr. 4	Nr. 15:	Salweide

Klassenstufe: 6. - 10.
Schwierigkeitsgrad: mit vorgegebenen Anfangsbuchstaben *, sonst ***
Benötigte Zeit: * 5 - 10 Minuten, *** 10 - 15 Minuten

Weitere Hinweise:

Der „Rätselbaum" eignet sich für die unterschiedlichsten Vorhaben und ist prinzipiell in der gesamten Sekundarstufe I einsetzbar – es sollte aber nicht zu früh erfolgen. Den Schwierigkeitsgrad kann man dadurch erheblich variieren, indem man das Rätsel **mit oder ohne Anfangsbuchstaben** anbietet; gibt man die Anfangsbuchstaben vor, so lässt sich allerdings auch manches „erraten". Zu **beachten** ist, dass die Antworten zu Nr. 2 und Nr. 5 gleich lang sind und den gleichen Anfangsbuchstaben besitzen – hier könnte es evtl. zu einer Verwechslung kommen; eine Verwechslung der Antworten zu Nr. 6 und Nr. 16 ist ebenfalls möglich, aber eher unwahrscheinlich. Nicht ohne Hilfe oder einen entsprechenden vorangegangenen Unterricht werden die Schüler die Antworten zu Nr. 4, 9, 10 und 12 finden. Wichtig: Der Endbuchstabe E gilt für alle Beispiele; er darf nicht entfernt werden, weil es dann Missverständnisse bezüglich der Wortlängen gibt.

Es sind nur Blätter, Blüten und Früchte **einheimischer Bäume** abgebildet. Die Abbildungen sind sortiert nach Laubbäumen und Nadelbäumen, die Abbildungen zu den Laubbäumen wiederum nach zusammengesetzten und einfachen Blättern. Auf das jeweils besonders Typische muss man die Schüler aufmerksam machen, weil es ihnen vielleicht auf den ersten Blick sonst nicht auffällt, aber ein wichtiges Kriterium bei eventuellen Bestimmungsübungen darstellt: das Erlenblatt (Nr. 6) hat eine gekerbte Spitze, das Lindenblatt (Nr. 7) ist schiefherzförmig, das Ulmenblatt (Nr. 8) besitzt einen schiefen Blattgrund.

Mit dem **zusätzlichen Arbeitsblatt für eine Lernkontrolle** lässt sich das zuvor Erarbeitete leicht überprüfen. Während die Fragen der linken Spalte verhältnismäßig leicht sind und gut gelöst werden können, ergeben sich aus der Art der Fragestellung der rechten Spalte mitunter erhebliche Schwierigkeiten; bei Klassen mit weniger flexiblen Schülern könnte der Lehrer die Fragetechnik der linken Spalte fortsetzen und die rechte Spalte vor dem Kopieren damit überdecken. Folgefehler können im einen wie im anderen Fall auftreten.

Der Lehrer wird bemüht sein, möglichst viele Blätter auch zeigen zu können, wozu **Dauerpräparate** von Vorteil sind. Einige Tipps dazu: Man verwendet am besten junge, nicht so große Blätter – auch, weil diese oft weniger stark von Schädlingen zerfressen sind als ältere. Das Trocknen der Blätter lässt sich auf etwa 3 Tage verkürzen, wenn man sie, zwischen Saugpapier und Holzbretter gelegt und beschwert, im Wärmeschrank bei 60 °C trocknet. Die getrockneten Blätter werden beidseitig mit klarer Klebefolie umgeben, deren Rand auch am Stiel mindestens 1 cm überstehen muss, um dicht zu sein. Solche **Folienpräparate** kann man auch von den Schülern herstellen lassen; vielleicht werden einige dadurch angeregt, sich ein kleines Blätter-Herbarium anzulegen. (Als Buchzeichen sind die Folienpräparate übrigens sehr gut geeignet.) – Zur Demonstration der Blattkonturen mit dem **Tageslichtprojektor** eignen sich Folienpräparate nicht; hierzu muss man sich mit Glasplatten **Objektdias** herstellen. Eventuell kann man auch die Folienpräparate (nur notfalls die frischen oder getrockneten Blätter allein) auf eine Overhead-Folie kopieren.

5 | Lehrerseite

Robinie

Eberesche
(Vogelbeere)

Wein & Co.
– ein Silbenrätsel rund um den Wein –

Mit Hilfe der angegebenen Silben sind die folgenden 19 Begriffe zu finden. Streiche die verwendeten Silben stets durch; zum Schluss darf keine Silbe übrig bleiben.

Die Anfangsbuchstaben der Antworten ergeben, der Reihe nach von oben nach unten gelesen, als Lösung des Rätsels das „A und O" von „Wein & Co".

al	ar	ben	cham	del	e	eis	fäu	fe	fen	fen	gä	ge	ge	gers	gerb	
halt	he	he	hol	hop	ing	kel	ko	la	laus	le	le	le	le	na	ner	obst	oechs
pag	rak	reb	rung	se	se	spät	stof	te	ter	ter	trau	un	wein	wein	we		

1. aus Reis hergestellter Branntwein
2. Fachwort für Traubenernte
3. allgemeine Bezeichnung für (meist kleinbeerige) Trauben, die hauptsächlich zur Weinbereitung verwendet werden
4. das Mostgewicht wird in Grad .... angegeben und ist ein Maß für den Zuckergehalt im Fruchtsaft (Ö = Oe)
5. Pflanze, deren getrocknete Blütenstände in der Bierbrauerei verwendet werden
6. allgemeine Bezeichnung für ein aus anderen Früchten als Trauben hergestelltes, nicht destilliertes alkoholisches Getränk
7. kleiner Bereich innerhalb eines Weinbaugebietes
8. Gewürz, in manchen Bieren und Likören enthalten
9. ein Qualitätswein mit Prädikat, für den die Trauben erst in vollreifem Zustand geerntet werden
10. geographische Herkunftsbezeichnung für einen hochwertigen französischen Schaumwein
11. Gruppe von Pilzen, die Gärprozesse hervorrufen können
12. bestimmter Zustand von Trauben, hervorgerufen durch einen Pilz, der die Schalen reifer Trauben angreift
13. Getreide mit hohem Stärkegehalt und guter Keimfähigkeit, Rohstoff für die Bierherstellung
14. Weine haben einen .... zwischen 5 und 15 Volumenprozent
15. Wein von hoher Süße, für den die Trauben in gefrorenem Zustand geerntet und gekeltert werden
16. Insekt, gefährlicher Weinbauschädling
17. Gärverfahren, das haltbare Lagerbiere liefert
18. Name eines der mittlerweile 13 deutschen Weinbaugebiete, südlich des Hunsrück gelegen
19. sie verleihen Rotwein den herben Geschmack, stammen aus der Beerenhaut

Die Lösung lautet: _____

6 Lehrerseite

Lösung zu Rätsel 6:

1. Arrak, 2. Lese, 3. Keltertrauben, 4. Oechsle, 5. Hopfen, 6. Obstwein, 7. Lage, 8. Ingwer, 9. Spätlese, 10. Champagner, 11. Hefen, 12. Edelfäule, 13. Gerste, 14. Alkoholgehalt, 15. Eiswein, 16. Reblaus, 17. Untergärung, 18. Nahe, 19. Gerbstoffe

Die Lösung lautet: ALKOHOLISCHE GAERUNG

Klassenstufe: 9. - 10.
Schwierigkeitsgrad: *
Benötigte Zeit: 10 - 15 Minuten

Weitere Hinweise:

Schwerpunktmäßig bezieht sich das Rätsel auf **Wein**; mit einigen Fragen werden auch Begriffe aus der **Bierbrauerei** gesucht (Hopfen, Gerste, Untergärung) und andere alkoholische Getränke erwähnt. Beim Thema Wein geht es im wesentlichen um den **Weinbau** (Lese, Keltertrauben, Lage, Reblaus, Nahe) sowie um **Arten und Qualitäten von Wein** (Spätlese, Edelfäule, Eiswein, Gerbstoffe, Alkoholgehalt, Obstwein, Champagner).

Für das Rätsel sind **mehrere, auch fächerübergreifende Verwendungsmöglichkeiten** denkbar: angefangen von der Weinrebe als einer der ältesten Kulturpflanzen über züchterische, geographische oder ökologische Aspekte bis hin zu einer Unterrichtseinheit über Stoffwechselvorgänge.

Die Lösung zieht leicht die Frage nach sich, ob es außer der Alkoholischen Gärung noch andere Arten von Gärung gibt. Schüler der 10. Klassen verfügen u. U. schon über ausreichende Chemiekenntnisse, um **in einfachster Form mögliche Abbauvorgänge der Glucose** verstehen zu können; dazu müssen die Alkohole und ihre Oxidationsprodukte als Stoffgruppen der Organischen Chemie bekannt sein; neu sind in jedem Fall die Ketocarbonsäuren und die Hydroxycarbonsäuren. Die Spiegelbildisomerie dürfte in dieser Jahrgangsstufe noch nicht bekannt sein.

1. **Die vollständige Oxidation von Glucose bei Aerobiern**
   Bruttogleichung: $C_6H_{12}O_6 + 6O_2 \rightarrow 6CO_2 + 6H_2O$

   Es ist wichtig zu erwähnen, dass der Energiegewinn bei der biologischen Oxidation im wesentlichen auf der Oxidation von Wasserstoff beruht und schrittweise in zahlreichen aufeinander folgenden Reaktionen erfolgt, was aus der Gleichung nicht zu ersehen ist.

2. **Der unvollständige (anaerobe) Glucoseabbau bei Gärprozessen**
   2a) **Alkoholische Gärung:** $C_6H_{12}O_6 \rightarrow 2CH_3–CH_2OH + 2CO_2$
   2b) **Milchsäuregärung:** $C_6H_{12}O_6 \rightarrow 2CH_3–CHOH–COOH$

Sowohl bei Aerobiern als auch bei Anaerobiern entstehen beim Glucoseabbau zunächst **Brenztraubensäure** (die dann in unterschiedlicher Weise weiterverarbeitet wird) und **atomarer Wasserstoff** (der zunächst von Wasserstoffüberträgern gebunden wird):

$$C_6H_{12}O_6 \rightarrow 2CH_3–CO–COOH + 4H.$$

Zu 1. Bei Aerobiern wird die Brenztraubensäure (mit Hilfe von Wasser) zu „aktivierter" Essigsäure oxidativ decarboxyliert, welche dann in Citronensäurecyclus und Atmungskette eingeschleust wird; am Ende der Reaktionsfolge haben sich aus 1 Molekül Glucose letztlich 6 Moleküle Kohlenstoffdioxid und 6 Moleküle Wasser gebildet, wobei das Kohlenstoffdioxid stets durch Decarboxylierung entstand, nicht durch Oxidation.

Zu 2a) Brenztraubensäure wird zunächst decarboxyliert, wobei Ethanal entsteht:
$$CH_3–CO–COOH \rightarrow CH_3–CHO + CO_2$$
Es folgt eine Reduktion des Ethanals zu Ethanol:
$$CH_3–CHO + 2H \rightarrow CH_3–CH_2OH$$

Anmerkung: Wein- und Bierhefe sind fakultative Anaerobier; sie führen, sofern genügend Sauerstoff zur Verfügung steht, eine oxidative Dissimilation durch (s. Punkt 1).

Zu 2b) Brenztraubensäure wird zu Milchsäure reduziert:

$$CH_3-CO-COOH + 2H \rightarrow CH_3-CHOH-COOH$$

Die Milchsäuregärung ist möglicherweise an der Entstehung des Muskelkaters beteiligt (im Muskel entsteht das rechtsdrehende Enantiomer); sie spielt beim Sauerwerden von Milch eine Rolle (durch Milchsäurebakterien entsteht das Racemat); sie ist wichtig für die Herstellung von Sauermilchprodukten, Käse, Sauerteig und Sauerkraut, auch von Silofutter; im Sauerkraut und bei der Aufbewahrung von Grünfutter in Silos wirkt sie zugleich konservierend.

Zu Punkt 2 sind außerdem noch zu erwähnen:

- die **Buttersäuregärung**; bei ihr bilden Buttersäurebakterien zwecks Energiegewinnung aus Glucose (über Brenztraubensäure und „aktivierte" Essigsäure) die Verbindungen Buttersäure, Butanol, Aceton und Isopropanol. Sie spielt eine Rolle bei der Zersetzung verrottenden Laubs und bei der Erschließung pflanzlicher Nahrung im tierischen Darmkanal;
- die **Essigsäuregärung**; auf ihr beruht die Herstellung von Weinessig mittels Essigsäurebakterien; sie ist keine echte Gärung, da für die Oxidation des Ethanols freier Sauerstoff notwendig ist.

Möglichkeiten der Energiegewinnung aus Kohlenhydraten (bezogen auf 1 mol Glucose):

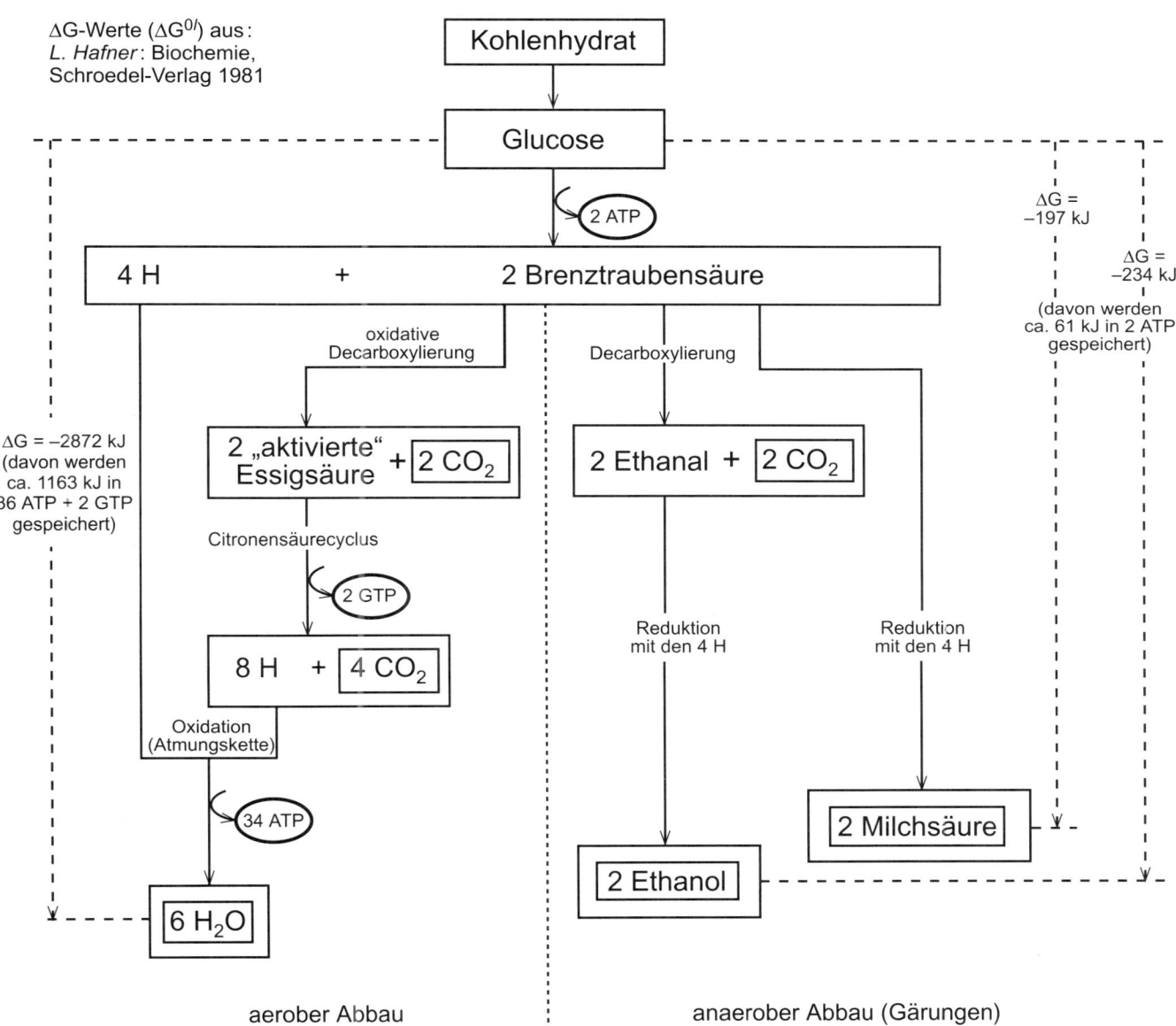

aerober Abbau | anaerober Abbau (Gärungen)

7 Schülerseite

Kreuz und quer durch die Pflanzenkunde
– ein Kreuzworträtsel –

Wenn du die 37 Begriffe gefunden und eingetragen hast (Ä = AE, Ü = UE) und dann die eingekreisten Buchstaben wie angegeben aneinander reihst, erhältst du das Lösungswort des Rätsels.

Waagrecht:
1. eine Pflanzenfamilie mit typischem Blütenbau (Beispiele: Sonnenblume, Margerite)
3. auffälligster, oft bunter Teil der Blüte
10. so nennt man Pflanzen, bei denen männliche und weibliche Blüten auf derselben Pflanze wachsen
12. sie enthält oft sehr viele Samen und öffnet sich, wenn diese reif sind
14. äußerer, aus mehreren Schichten bestehender Bereich von Baumstämmen
16. Fruchtstand von Getreidearten
17. blütenlose grüne Pflanze, besonders häufig im Wald
22. aus ihnen entwickeln sich Pflanzen
24. Blattgrün
25. allgemeine Bezeichnung für eine Pflanze, die für uns wichtig ist
26. so nennt man die stark gefiederten Blätter von Palmen und Farnen
27. allgemeine Bezeichnung für ein Holzgewächs, dessen Stamm sich bereits in Bodennähe verzweigt
28. Art von Blättern, die im Winter meist nicht abgeworfen werden
29. junge Pflanze an einem Trieb der Mutterpflanze
30. sie entsteht aus der Blüte
31. er wird aus getrockneten Blättern, Blüten oder Früchten zubereitet
32. Gas, das tagsüber von grünen Pflanzen abgegeben wird
33. so nennt man Pflanzen, die im Winter ihre Blätter behalten

Senkrecht:
1. der obere Teil eines Laubbaumes
2. Teil eines Blattes
3. Früchte mit saftigem Fruchtfleisch und meist mehreren Samen
4. eine weitere Pflanzenfamilie mit typischem Blütenbau (Beispiel: Taubnessel)
5. Sammelname für Pflanzen, die stören
6. anderer Ausdruck für lange Schlingpflanzen
7. große Meeresalge
8. „Haar" der Getreideähren
9. Beispiele hierfür sind Schneeglöckchen, Anemone und Schlüsselblume
11. mittlerer Teil der weiblichen Blüte
13. Gesamtheit der Blätter eines Baumes
15. äußerer, oft grüner Teil vieler Blüten
18. blütenlose Pflanze, die meist im Wasser lebt
19. fadenförmiges Befestigungsorgan von Kletterpflanzen
20. Teil der Pflanze, der Nährsalze und Wasser aufnimmt
21. verholzter Samenstand fast aller Nadelbäume
23. sie sind Lebensgemeinschaften von Algen und Pilzen
25. Teil des Griffels
26. ein Lebensraum, der ohne menschlichen Einfluss verwaldet

Und hier noch zwei weitere Fragen:
– Welche der sechs Abbildungen gehört zum Lösungswort?
– Wie heißen die anderen fünf weißblütigen Pflanzen?

Schülerseite 7

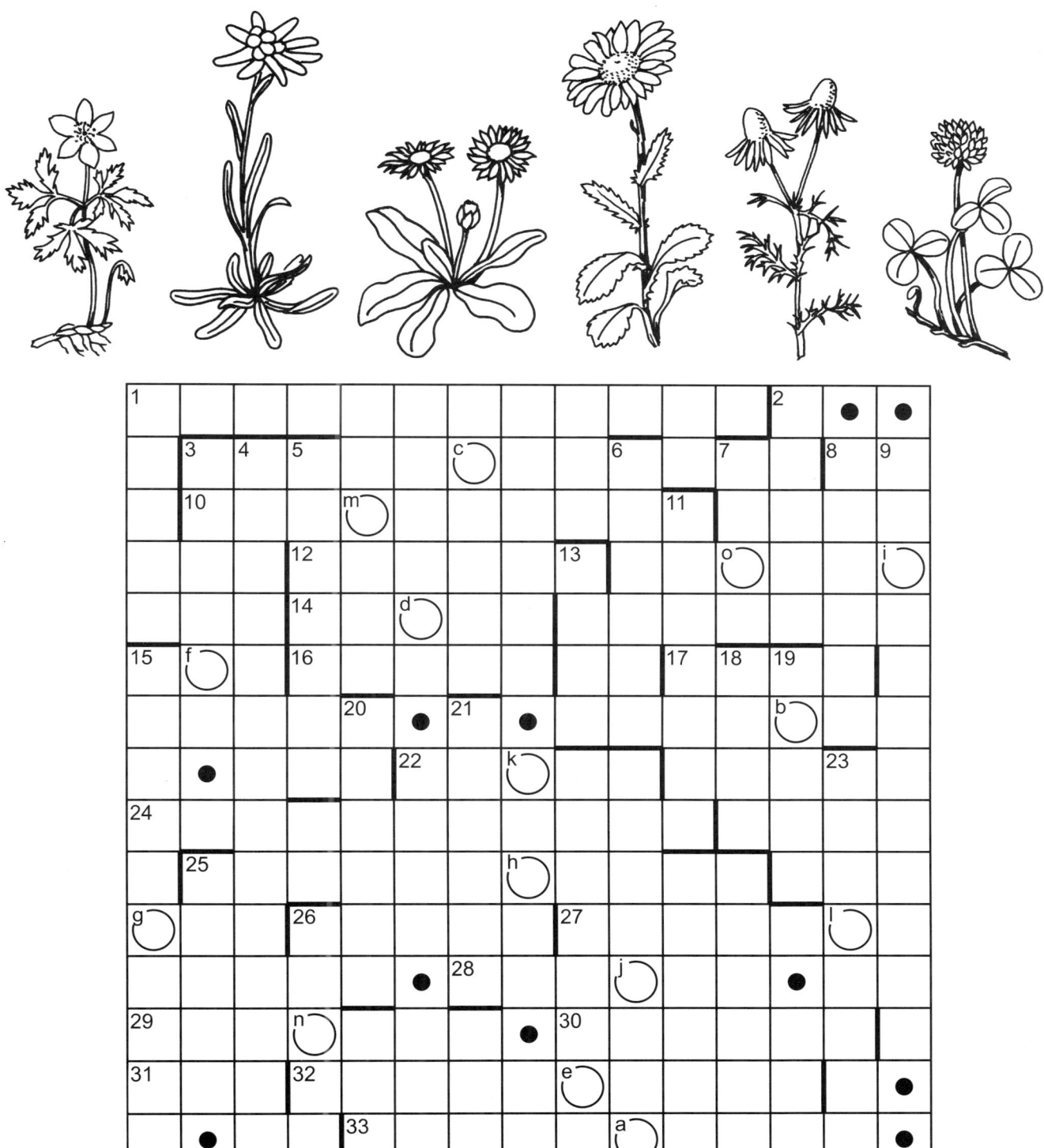

Lösungswort:

a	b	c	d	e	f	g	h	i	j	k	l	m	n	o

Aus: Rätsel im Biologieunterricht, Aulis Verlag Deubner & Co KG, Köln, 1999

7 Lehrerseite

Lösung zu Rätsel 7:

Waagrecht: 1. Korbbluetler, 3. Bluetenblatt, 10. einhaeusig, 12. Kapsel, 14. Rinde, 16. Aehre, 17. Farn, 22. Samen, 24. Chlorophyll, 25. Nutzpflanze, 26. Wedel, 27. Strauch, 28. Nadeln, 29. Ableger, 30. Frucht, 31. Tee, 32. Sauerstoff, 33. immergruen

Senkrecht: 1. Krone, 2. Stiel, 3. Beeren, 4. Lippenbluetler, 5. Unkraut, 6. Lianen, 7. Tang, 8. Granne, 9. Fruehblueher, 11. Griffel, 13. Laub, 15. Kelchblatt, 18. Alge, 19. Ranke, 20. Wurzel, 21. Zapfen, 23. Flechten, 25. Narbe, 26. Wiese

Lösungswort: GAENSEBLUEMCHEN

Lösung der Zusatzfragen:
– Zum Lösungswort gehört **Abbildung 3**;
– Abb. **1** = Anemone, **2** = Edelweiß, **4** = Margerite, **5** = Kamille, **6** = Weißklee

Klassenstufe: 7. - 9.
Schwierigkeitsgrad: **
Benötigte Zeit: 25 Minuten

Weitere Hinweise:

Mit 20 Fragen zur **Morphologie der Pflanzen** stellt dieser Aspekt einen Schwerpunkt des Rätsels dar. Zur besseren Übersicht sind die betreffenden Begriffe hier der Reihe nach nochmals genannt:
Waagrecht: Blütenblatt, Kapsel, Rinde, Ähre, Samen, Wedel, Nadeln, Ableger, Frucht; senkrecht: Krone, Stiel, Beeren, Granne, Griffel, Laub, Kelchblatt, Ranke, Wurzel, Zapfen, Narbe.

Für eine **Wiederholung** des Themas Pflanzenbau eignet sich diese Zusammenstellung sicherlich; ob sie als Vorbereitung auf eine schriftliche Lernkontrolle ausreicht, hängt vom vorangegangenen Unterricht ab. Evtl. werden **weitere Begriffe zum Pflanzenbau** aus den früheren Stunden ergänzt, beispielsweise andere Pflanzenteile, die der Vermehrung dienen, andere Fruchtstände, auch Arten von Blütenständen und Blattformen.

Besonders empfehlenswert ist es, auch Fachausdrücke, die eine **Aussage über die Funktion** der betreffenden Pflanzenteile beinhalten, in die Wiederholung mit einzubeziehen, z. B. bezüglich der Bestäubung: Falterblüte, Hummelblüte, Bienenblüte, Fliegenblüte, ... oder zu Verbreitungsarten von Samen: Windfrüchte, Schleuderfrüchte, Lockfrüchte, Haftfrüchte, ...

Will man das Rätsel durch **Beispiele** von Blütenpflanzen **ergänzen**, kann man an die beiden Fragen zur **Pflanzensystematik** anknüpfen (1 waagrecht: Korbblütler, 4 senkrecht: Lippenblütler): Die Schüler werden aufgefordert, zu den schon in den Fragen enthaltenen Beispielen weitere zu benennen.
Eine Erweiterung des Rätsels in die gleiche Richtung wird auch mit den **Zusatzfragen** zu den sechs Abbildungen ermöglicht und bezweckt: Die beiden diesbezüglichen Fragen auf dem Arbeitsblatt sind zwar bewusst einfach gehalten; der Lehrer wird aber gegebenenfalls ergänzende Fragen anschließen, der Reihe nach etwa folgende:
– Zu welcher Pflanzenfamilie gehört das Gänseblümchen?
– Welche der anderen fünf Blütenpflanzen gehören zur gleichen Pflanzenfamilie?
– Zu welchen Pflanzenfamilien gehören die Anemone, der Klee?
– Nenne weitere Hahnenfußgewächse, weitere Schmetterlingsblütler!

Schmetterlinge
– ein Bilderrätsel –

Wie heißen diese Schmetterlinge?

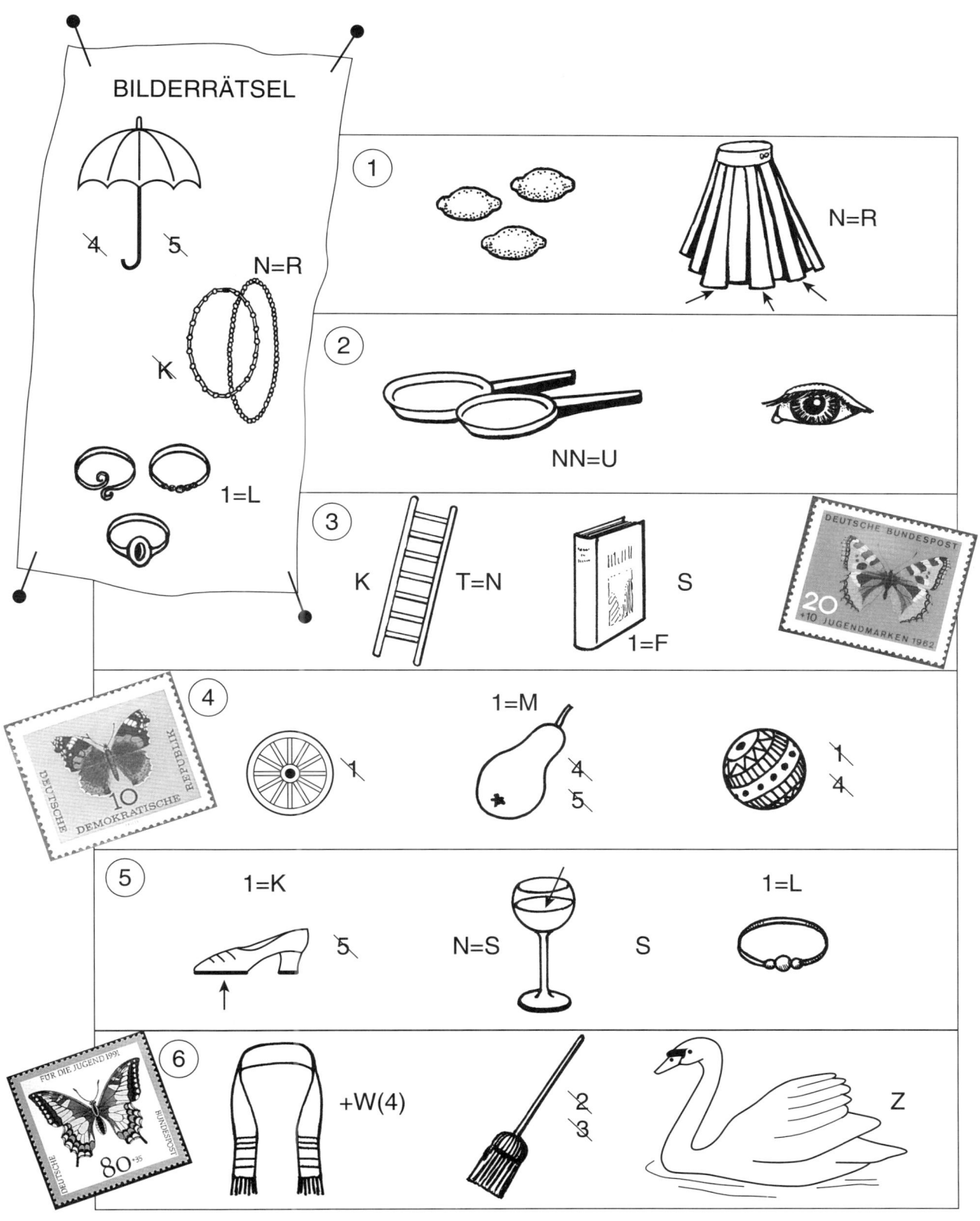

8 Lehrerseite

Lösung zu Rätsel 8:

Überschrift:	S C H ~~I~~ ~~E~~ M ~~K~~ E T T E ~~N~~ ~~R~~ I N G E 　　　　　　　　　　　　　R　　　　　L	= Schmetterlinge
1.	Z I T R O N E N F A L T E ~~N~~ 　　　　　　　　　　　　R	= Zitronenfalter
2.	P F A ~~U~~ ~~N~~ E N A U G E 　　　　U	= Pfauenauge
3.	K L E I ~~D~~ E R ~~B~~ U C H S 　　　　　　N　　　F	= Kleiner Fuchs
4.	~~H~~ A D ~~B~~ I R ~~N~~ ~~E~~ ~~B~~ A L ~~D~~ 　　　　　　　　M	= Admiral
5.	~~B~~ O H L ~~E~~ W E I ~~N~~ S ~~R~~ I N G 　K　　　　　　　　　S　　　　　L	= Kohlweißling
6.	S C H ,A L B ~~E~~ ~~S~~ E N S C H W A N Z 　　　　↑ 　　　　W	= Schwalbenschwanz

Klassenstufe: 5. - 6.
Schwierigkeitsgrad: *
Benötigte Zeit: 5 - 10 Minuten

Weitere Hinweise:

In 5. und 6. Klassen bilden die Schmetterlinge in aller Regel kein eigenständiges Thema, im Zusammenhang mit der Behandlung der **Wiese als Lebensraum** kann man aber das Augenmerk auf diese Tiergruppe lenken. An Schmetterlingsnamen kennen die Schüler oft nur Zitronenfalter und Pfauenauge - zum Kennenlernen weiterer Namen bietet sich das Rätsel an.

Anhand der als Bilderrätsel dargestellten Überschrift SCHMETTERLINGE lässt man die Schüler möglichst selbst herausfinden, wie ein Bilderrätsel gelöst wird; das macht die Sache spannender. Drei Beispiele sind mit einer entsprechenden Briefmarke illustriert – ein Vorteil für Schüler, die die betreffenden Schmetterlinge kennen. Selbstverständlich hält der Lehrer zu allen Beispielen **passendes Anschauungsmaterial** bereit.

Mit Hilfe der Beispiele lässt sich einiges über die **Lebensweise** der Schmetterlinge zusammenstellen, z. B.:

• Wie überwintern Schmetterlinge, und wann sind sie demzufolge bei uns zu sehen? Nr. 1, 2 und 3 **überwintern** als Schmetterlinge - der Zitronenfalter im Freien, Pfauenauge und Kleiner Fuchs auf Dachböden oder in Kellern; diese drei Arten fliegen schon zeitig im Frühjahr, beim Zitronenfalter tritt im Spätsommer eine 2. Generation auf. Der Admiral (Nr. 4) ist ein Wanderfalter, er gelangt jedes Jahr aus Nordafrika neu zu uns und tritt deshalb erst im Spätsommer auf; im Herbst fliegt er südwärts, um über die Alpen zu gelangen, was ihm aber (meist) nicht gelingt. Großer und Kleiner Kohlweißling (Nr. 5) und Schwalbenschwanz (Nr. 6) überwintern als Puppen.

• Gut lassen sich im Anschluss an die verschiedenen Überwinterungsstrategien die **Entwicklungsstadien** der Schmetterlinge besprechen, was in den Klassen 5 und 6 durchaus ansatzweise geschehen kann, soweit die Zeit reicht.

• Außerdem ist von Bedeutung, wovon sich die Raupen **ernähren**. Ihre Nahrungspflanzen sind meist sehr spezifisch: Für den Zitronenfalter ist es der Faulbaum, die Raupen von Pfauenauge, Kleinem Fuchs und Admiral bevorzugen Brennnesseln, die Raupe des Kohlweißlings befällt alle Kohlarten (besonders Blumenkohl), die Schwalbenschwanz-Raupe liebt Fenchel und Möhrenkraut.

Insekten
– ein Bilderrätsel –

Welche 12 Insektennamen sind hier versteckt? Bei welchen Beispielen handelt es sich um Schmetterlinge?

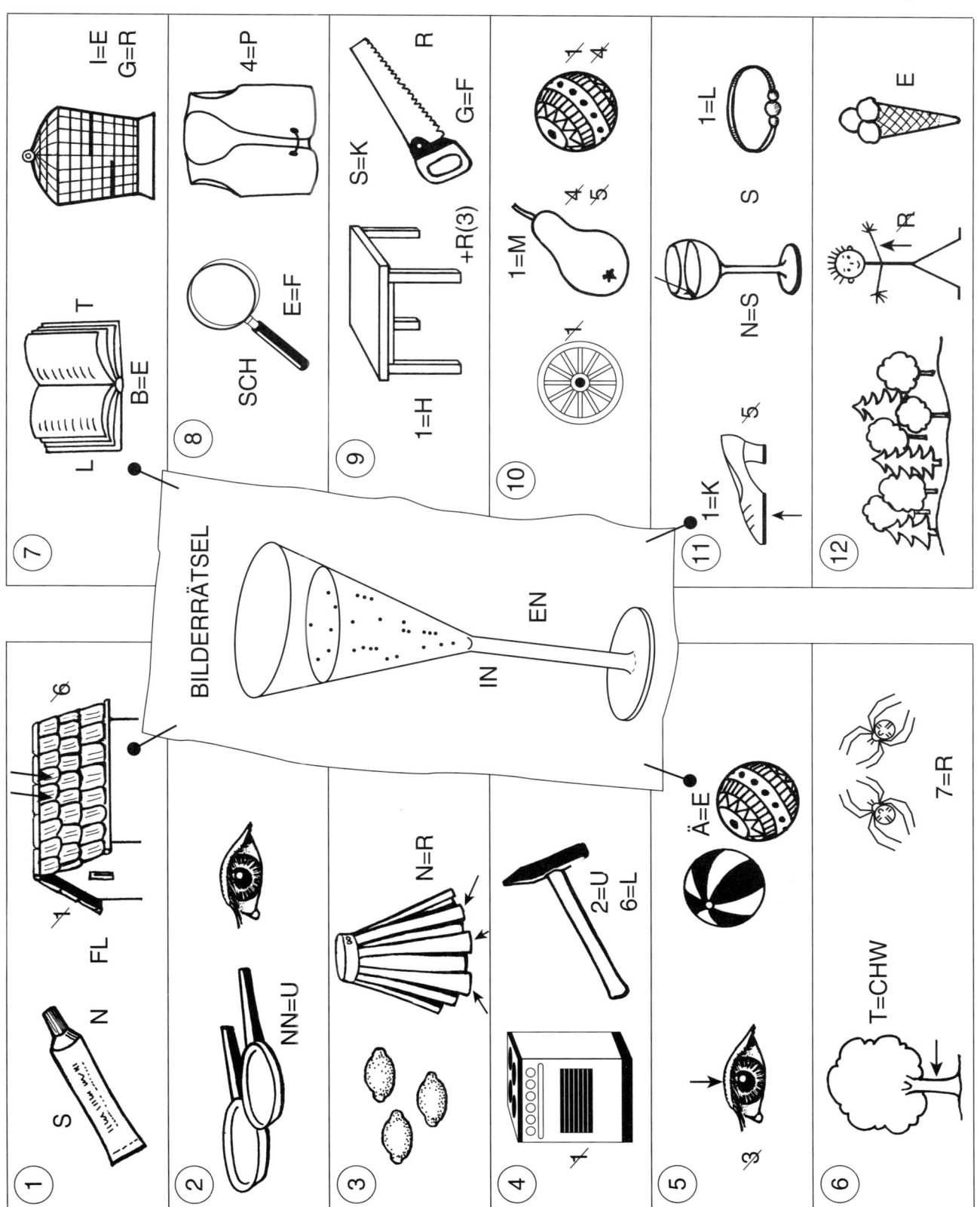

9   Lehrerseite

Lösung zu Rätsel 9:

1.	S TUBE N FL ZIEGEL	= Stubenfliege
2.	PFANNEN AUGE U	= Pfauenauge
3.	ZITRONEN FALTEN R	= Zitronenfalter
4.	HERD HAMMER U L	= Erdhummel
5.	LID BÄLLE E	= Libelle
6.	STAMM SPINNEN CHW R	= Schwammspinner
7.	L BUCH T KÄFIG E E R	= Leuchtkäfer
8.	SCH LUPE WESTE F P	= Schlupfwespe
9.	TISCH SÄGE R HR K F	= Hirschkäfer
10.	RAD BIRNE BALL M	= Admiral
11.	SOHLE WEIN S RING K S L	= Kohlweißling
12.	WALD ARM EIS E	= Waldameise

Klassenstufe: 5. - 7.
Schwierigkeitsgrad: *
Benötigte Zeit: 10 Minuten

Weitere Hinweise:

Für das Rätsel sind mehrere Einsatzmöglichkeiten denkbar: Als Einstieg in eine Unterrichtseinheit über Insekten verwendet, liefert es sogleich einen kleinen Ausschnitt dieser artenreichsten Tierklasse. Im weiteren Verlauf der Unterrichtsreihe kann es eine willkommene Abwechslung zum sonst üblichen Unterrichtsablauf sein; selbst als Hausaufgabe erfreut es sich einiger Beliebtheit. Da keine Voraussetzungen zum Lösen des Rätsels erforderlich sind, eignet es sich auch zu Vertretungsstunden in fremden Klassen; hier lässt es sich auf unterschiedlichstem Niveau und anknüpfend an jedes Beispiel zu einer vollen Stunde ausbauen.

Anhand der Überschrift IN-SEKT-EN kann man gut erklären, wie man ein Bilderrätsel löst; es wird daran auch deutlich, dass die Darstellungen nicht unbedingt die orthographisch richtige Silbentrennung wiedergeben.

Mitunter bereitet es den Schülern Freude, selbst einmal ein Bilderrätsel zu entwickeln; dazu eignen sich vor allem zusammengesetzte und andere nicht zu kurze Wörter. Das Herstellen eines neuen Rebus vermittelt zwar nichts biologisch Relevantes, es kann aber eine erhöhte Motivation der Schülerinnen und Schüler bewirken. Insektennamen, die sich gut zeichnerisch darstellen lassen und die man vorgeben könnte, sind z. B.:

HONIGBIENE ,   HEUSCHRECKE ,   HORNISSE .

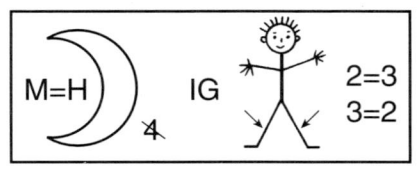 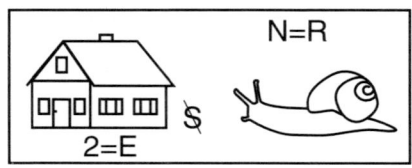 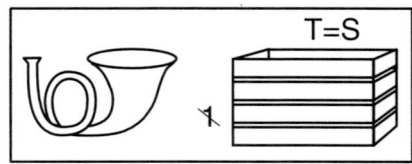

„Amsel, Drossel, Fink und Star ..."
– ein Kreuzworträtsel zur Vogelkunde –

Waagrecht (Ä = AE, Ö = OE, ß = SS):

1. häufig an der Meeresküste, seltener im Binnenland anzutreffender Vogel, begleitet oft Schiffe beim An- und Ablegen
2. goldgelber Singvogel
5. bei uns fast ausgestorbener Greifvogel, „König der Lüfte", Wappenvogel, auf manchen deutschen Münzen abgebildet
6. kleiner Vogel, schneller Läufer, häufig auf Wiesen (Weiden) zu beobachten
8. großer Nachtvogel, fast ausgestorben, wird jetzt wieder eingebürgert
9. einer unserer kleinsten Vögel, bevorzugter Lebensraum sind Hecken, baut ein Kugelnest
10. frisst nicht nur Frösche, sondern auch Regenwürmer und Heuschrecken, baut sein Nest z. B. auf Kirchtürmen und hohen Schornsteinen
11. hämmert, hat ein mehrfarbiges, lebhaft gemustertes Gefieder
12. Singvogel, Brust rötlich-orange, häufig in Gärten anzutreffen
14. wird auch Sperling genannt
15. großer grauer Vogel, ähnlich dem Storch, bekannt als Firmensymbol
18. unser häufigster Greifvogel
21. erreicht eine Flügelspannweite bis zu 2,5 m, bei uns fast ausgestorbener Aasfresser
22. gilt als der beste Singvogel unseres Gebiets
24. Singvogel, Aussehen ähnlich wie Amselweibchen
25. in Großstädten oft eine Plage, auch Friedensvogel genannt
26. schwarze Vögel, größer als die Krähenarten (die oft mit ihnen verwechselt werden), kommen bei uns fast nur noch in den Alpen und in den nördlichen Bundesländern vor
28. „Eine .... macht noch keinen Sommer", Zugvogel
30. Gruppe kleiner Greifvögel, schnellste Flieger (besonders im Sturzflug), wurden früher zur Jagd abgerichtet
31. schillernd-schwarzer Singvogel, Männchen trägt im Frühjahr Perlen auf der Brust, guter Spötter (ahmt andere Geräusche nach)
32. schöner, bunter Vogel mit kleinen schwarz-blau-weißen Federn an den Flügeln, Nesträuber
33. östliche Form der Rabenkrähe, schwarz mit grauem Rumpf
34. Finkenvogel, kann mit seinem sehr kräftigen Schnabel auch dicke Samen (z. B. Kirschkerne) knacken
35. Gruppe von Wasservögeln, zu der Gänse, Enten und Schwäne zählen
36. gehört zu den Hühnervögeln, asiatischer Herkunft, bei uns schon seit 2000 Jahren heimisch

Senkrecht (Ä = AE, Ü = UE):

1. schneller, eleganter und sehr ausdauernder Flieger
3. bevölkert im Winter die Vogelfutterhäuschen, bei uns besonders häufig die Kohl..... und die etwas kleinere Blau...., guter Turner
4. kleiner Singvogel, bekannt für seinen Singflug (singt hoch oben in der Luft)
6. einer unserer häufigsten Vögel, weiße Streifen auf den Flügeln, nur die Männchen haben eine rostbraune Brust
7. kein Rot*kehlchen*, sondern ein ....
13. unscheinbarer kleiner Vogel, fast über die ganze Erde verbreitet, Allesfresser, hält sich bevorzugt auf Wegen, Plätzen und in Gärten auf
15. der einzige brutparasitische Vogel unseres Gebiets
16. großer langhalsiger Vogel, hält beim Fliegen und in der Ruhe den Hals S-förmig
17. Fink, nach seiner Farbe benannt
19. schwarzweißer Rabenvogel mit langem Schwanz
20. heißt auch Spechtmeise, läuft kopfüber den Baum hinunter
23. großer Greifvogel mit gestreiftem Brustgefieder, sehr schneller und wendiger Flieger, Überraschungsjäger
27. singt schön, frisst gern Kirschen und Beeren, deshalb oft unbeliebt, auch Schwarzdrossel genannt
29. der kleinste unserer Rabenvögel, schwarz mit grauem Nacken
32. Nachtvogel, kann den Kopf besonders weit nach hinten drehen

Schülerseite

Suche nun alle eingekreisten Buchstaben heraus! Wenn du sie richtig sortierst, erhältst du als Lösung die eigentliche Überschrift des Rätsels.

Die eingekreisten Buchstaben sind:

_ _ _ _ _ _ _ _ _ _ _ _ _ _ _ _

Die Überschrift lautet:

_ _ _ _ _ _ _ _ _ _ _ _ _ _

| Lehrerseite | 10 |

Lösung zu Rätsel 10:

Waagrecht: 1. Moewe, 2. Goldammer, 5. Adler, 6. Bachstelze, 8. Uhu, 9. Zaunkoenig, 10. Storch, 11. Buntspecht, 12. Rotkehlchen, 14. Spatz, 15. Kranich, 18. Bussard, 21. Geier, 22. Nachtigall, 24. Drossel, 25. Taube, 26. Raben, 28. Schwalbe, 30. Falken, 31. Star, 32. Eichelhaeher, 33. Nebelkraehe, 34. Kernbeisser, 35. Entenvoegel, 36. Fasan

Senkrecht: 1. Mauersegler, 3. Meise, 4. Lerche, 6. Buchfink, 7. Rotschwaenzchen, 13. Sperling, 15. Kuckuck, 16. Reiher, 17. Gruenfink, 19. Elster, 20. Kleiber, 23. Habicht, 27. Amsel, 29. Dohle, 32. Eule

Die eingekreisten Buchstaben sind: E-S-I-O-H-N-E-I-L-E-H-M-I-C-E-E-V-G

Die Lösung (Überschrift) lautet: EINHEIMISCHE VOEGEL

Klassenstufe: 6. - 9.
Schwierigkeitsgrad: ***
Benötigte Zeit: 25 - 30 Minuten

Weitere Hinweise:

Das sehr anspruchsvolle Rätsel über die heimische Vogelwelt kann nur mit Erfolg bearbeitet werden, wenn die Schüler über **erhebliche Kenntnisse** auf diesem Gebiet verfügen; unterrichtliche Voraussetzungen sind unbedingt erforderlich, genügen aber oft nicht. Schülern, die in ländlicher Umgebung wohnen, fällt das Lösen des Rätsels deutlich leichter als „Stadtkindern".

Die Fragen sind **inhaltlich abwechslungsreich**: Zur Charakterisierung der gesuchten Vögel werden Gesichtspunkte wie Aussehen, Verhalten, Lebensweise, Verbreitung, Zugehörigkeit zu Verwandtschaftsgruppen herangezogen; einige eher legere Umschreibungen (28 w., 7 s.), auch Anmerkungen nicht-biologischen Inhaltes (5 w., 15 w., 25 w.) lockern die Fülle der insgesamt 40 Beschreibungen auf. **Thematisch** fügt sich das Rätsel gut in eine größere Unterrichtsreihe über **Naturschutz / Vogelschutz** ein; am besten lässt man es als **Hausaufgabe** lösen – wegen der Menge der Fragen evtl. erst für die übernächste Unterrichtsstunde. Im Unterricht selbst nimmt das Lösen zu viel Zeit in Anspruch; hier sollten nur die Antworten der bis zum Schluss offen gebliebenen Fragen ergänzt werden. Selbstverständlich sollte reichhaltiges Anschauungsmaterial die Beschäftigung mit dem Rätsel ergänzen.

Wenn das Rätsel fertig ausgefüllt ist, kann man **einige Fragen zur Wissensüberprüfung und Wissensfestigung** anschließen, die sich auf das Rätsel beziehen, wobei es zu begrüßen ist, wenn diese von den Schülern selbst formuliert werden; das erfordert Überblick und fällt den Schülern keinesfalls leicht.

Vorschläge für solche Fragen sind beispielsweise:
– Nenne einige Singvögel, die im Rätsel vorkommen!
– Was versteht man unter Brutparasitismus?
– Zu welchen Vögeln zählen z. B. Elster, Krähe, Dohle?
– Nenne Greifvögel!
– An welcher typischen Verhaltensweise erkennt man den Specht?
– Welcher Vogel läuft beim Futtersuchen kopfüber den Baum hinunter?
– Welche Form hat das Nest des Zaunkönigs?
– Nenne Meisenarten, Finkenarten, ...!
– Welche Vögel trifft man häufig in Städten, auf Plätzen?
– Beschreibe das Aussehen des Eichelhähers, des Buchfinks, ...!

Schülerseite

Haustiere
– ein Kammrätsel –

Ergänze die folgenden Sätze, indem du die gesuchten Tiernamen oder passenden Begriffe in die dafür vorgesehenen Felder einträgst (Ä = AE, Ö = OE, Ü = UE, ß = SS). In der eingerahmten Spalte erhältst du dann die beiden Lösungsworte des Rätsels.

1. .... haben einen aus mehreren Abteilungen bestehenden Magen.
2. Der .... ist ein beliebtes kleines, nachtaktives Haustier, das aus Syrien stammt.
3. .... sind Staaten bildende Insekten.
4. .... haben bei uns vor allem wegen ihrer dichten und langen Haare Bedeutung.
5. Haushuhn, Truthahn, Pfau, Fasan, Wachtel und Rebhuhn sind Beispiele für ....
6. Hasen sind größer als .... und haben auch längere Ohren.
7. Die .... wird bei uns vor allem wegen ihrer Milch als Nutztier gehalten; vielerorts ist sie jedoch verwildert und richtet dann große Schäden an der Vegetation an.
8. Der .... wurde früher vielfach als Rettungshund eingesetzt.
9. Bei den Pferden unterscheidet man Kaltblut, Warmblut und ....
10. Der Hund, unser ältestes Haustier, stammt vom .... ab.
11. Zuerst nutzte der Mensch das Pferd als Fleischlieferant, später dann als Reit- und ....
12. In der Wüste wird das .... auch heute noch als ein sehr genügsames Reit- und Lasttier eingesetzt.
13. Junge Hunde nennt man ....
14. .... sind beliebte kleine Haustiere, die aus den Anden stammen.
15. Früher hielt man ...., besonders weiße, nur als Labortiere, heute werden sie zunehmend auch als sehr zutrauliche Haustiere gehalten.
16. Die ägyptische .... ist die Wildkatze, von der unsere Hauskatze abstammt.
17. Junge Pferde heißen ....
18. Der .... hat als Vater ein Pferd, als Mutter eine Eselin.
19. Die meisten Haustiere sind von Natur aus keine Einzelgänger, sondern ....
20. Die besonders geformten Backenzähne der Fleischfresser heißen ....
21. Die .... von Hühnern ist sehr umstritten.
22. Zum Transport von Lasten über weite Schnee- und Eisflächen setzt man .... als leichte Zugtiere ein.
23. Die Milch von Kuh und Ziege wird im .... gebildet.
24. Früher wurden .... zur Nachrichtenübermittlung eingesetzt.
25. Das .... stammt vom Wildschwein ab.
26. Rinder und Pferde sind Huftiere; Rinder sind im Unterschied zu Pferden jedoch ....

Aus: Rätsel im Biologieunterricht, Aulis Verlag Deubner & Co KG, Köln, 1999

Schülerseite 11

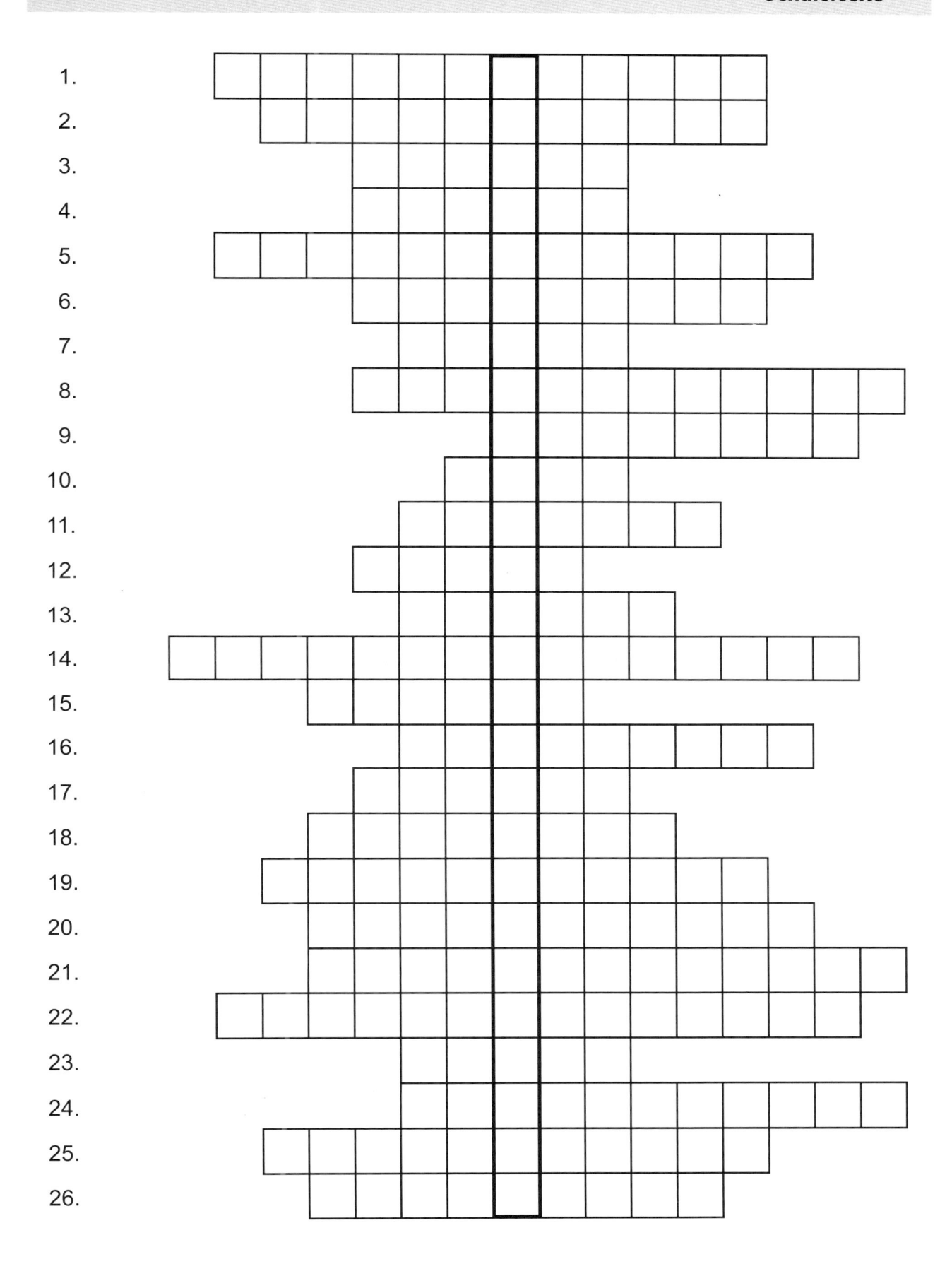

1.
2.
3.
4.
5.
6.
7.
8.
9.
10.
11.
12.
13.
14.
15.
16.
17.
18.
19.
20.
21.
22.
23.
24.
25.
26.

11 Lehrerseite

Lösung zu Rätsel 11:

1. Wiederkaeuer, 2. Goldhamster, 3. Bienen, 4. Schafe, 5. Huehnervoegel, 6. Kaninchen, 7. Ziege, 8. Bernhardiner, 9. Vollblut, 10. Wolf, 11. Zugtier, 12. Kamel, 13. Welpen, 14. Meerschweinchen, 15. Ratten, 16. Falbkatze, 17. Fohlen, 18. Maulesel, 19. Herdentiere, 20. Reisszaehne, 21. Kaefighaltung, 22. Schlittenhunde, 23. Euter, 24. Brieftauben, 25. Hausschwein, 26. Paarhufer

Lösungsworte: KANARIENVOGEL, WELLENSITTICH

Klassenstufe:	6. - 7.
Schwierigkeitsgrad:	**
Benötigte Zeit:	15 - 20 Minuten

Weitere Hinweise:

Seit mindestens 10.000 Jahren hält und züchtet der Mensch Tiere zu seinem **materiellen und ideellen Nutzen:**
- als Nahrungs- und Kleidungslieferant,
- als Hilfe bei Ackerbau und Jagd,
- als Lastenträger und Reittier,
- zur Gesellschaft und
- aus Liebhaberei.

Die Zahl der Haustierarten ist vergleichsweise gering, z. B. wurden von den rund 6.000 bekannten Säugetierarten nur etwa 20 zu Haustieren, von den mehreren Millionen Insekten nur zwei (Biene, Seidenspinner). An Domestikationszentren sind zu unterscheiden: das nordafrikanisch-vorderasiatische (dem die meisten Haustiere entstammen), das ostasiatische (Wasserbüffel, Yak, Schwein – letzteres wurde gleichzeitig auch im europäischen und vorderasiatischen Raum domestiziert) sowie das süd- und mittelamerikanische (Lama, Alpaka, Meerschweinchen, Truthahn, Moschusente).

Das Thema „Haustiere" lässt sich in vielfältiger Weise als **Ergänzung** und zur **Auflockerung** in den Biologieunterricht einbauen, es kann aber auch als **eigenständiges Thema** Ausgangspunkt für verschiedenartige Vorhaben sein. Wie man vorgeht, hängt wesentlich vom **Erfahrungshorizont der Schüler** ab und dieser wiederum stark davon, ob die Schüler „Stadtkinder" sind oder in einer eher ländlichen Gegend, in der noch Landwirtschaft betrieben wird, aufwachsen. Die Schulbücher für die Klassen 5/6 setzen recht unterschiedliche biologische Akzente; die wirtschaftliche und kulturgeschichtliche Bedeutung der Haustierhaltung wird gestreift, die Verantwortung gegenüber einem Haustier / Heimtier wird betont.

Bei der Zusammenstellung der von den Schülern zu vervollständigenden Aussagen wurde deshalb darauf geachtet, dass ein **inhaltlich breit gefächertes Rätsel** entsteht, das man entsprechend **vielseitig verwenden** kann. Die Beispiele „gehören" zu so unterschiedlichen Aspekten wie

* Körperbau: z. B. Nr. 1, 6, 20, 23, 26
* Verhalten: Nr. 3, 19
* Abstammung: Nr. 10, 16, 18, 25
* Nutztier: Nr. 4, 7, 8, 11, 12, 15, 22, 24
* Verantwortung: Nr. 21
* Liebhaberei: Nr. 2, 14, 15

Das Lösen des Rätsels eignet sich besonders auch als **Hausaufgabe**; das **Biologiebuch** der Klassen 5/6 kann gegebenenfalls weiterhelfen - darauf sollte man die Schüler hinweisen. Der schwierigste Begriff dürfte für sie Nr. 16 sein, vielleicht kommen sie auch von selbst nicht auf die Lösung von Nr. 21.

Schülerseite 12

Tiernamen
– ein Suchwort-Puzzle –

Suche waagrecht und senkrecht (vorwärts oder rückwärts, abwärts oder auch aufwärts) **5 Tiergruppen und 42 zu ihnen gehörende Tiere**, rahme alle gefundenen Namen ein und notiere sie auch; beachte: Ä = AE, Ö = OE! Zahlreiche Buchstaben werden mehrfach benutzt, 11 Buchstaben bleiben übrig. Diese Buchstaben ergeben, in waagrechter Reihenfolge gelesen, **als Lösungswort** die **Überschrift des Rätsels**; sie lautet:

__ __ __ __ __ __ __ __ __ __ __

R	E	L	D	A	K	A	R	B	E	Z	W	F	U
E	R	E	D	R	A	M	I	I	P	A	K	O	N
T	O	G	N	I	M	A	L	F	D	N	I	R	K
T	W	I	E	S	E	L	R	I	L	E	S	E	E
A	I	H	A	I	L	E	S	S	O	R	D	L	H
N	L	U	R	L	A	W	H	C	L	E	S	L	C
L	D	H	N	E	I	B	I	H	P	M	A	E	I
E	S	N	U	H	U	O	B	E	S	I	E	M	E
G	C	N	E	F	F	A	E	H	D	N	U	H	L
N	H	I	L	T	I	S	V	E	L	E	G	C	H
I	W	L	I	D	O	K	O	R	K	S	E	L	C
R	E	P	T	I	L	I	E	N	T	H	T	O	S
E	I	F	A	S	A	N	G	N	U	C	I	M	D
B	N	E	H	C	D	R	E	F	P	E	E	S	N
A	I	R	E	W	E	O	L	L	E	D	R	R	I
R	E	D	N	A	M	A	L	A	S	I	E	E	L
Z	E	I	S	I	G	T	N	A	F	E	L	E	B

Aus: Rätsel im Biologieunterricht, Aulis Verlag Deubner & Co KG, Köln, 1999

12 | Lehrerseite

Lösung zu Rätsel 12:

Waagrecht (26 Wirbeltiernamen + 2 Wirbeltierklassen):
Adler, Zebra, Marder, Okapi, Flamingo, Rind, Wiesel, Esel, Hai, Drossel, Ur, Wal, Elch, *Amphibien, Uhu, Meise, Affe, Hund, Iltis, Krokodil, *Reptilien, Fasan, Gnu, Seepferdchen, Loewe, Salamander, Zeisig, Elefant

Senkrecht (16 Wirbeltiernamen + 3 Wirbeltierklassen):
Ringelnatter, Rabe, Wildschwein, Igel, Huhn, Nilpferd, Kamel, Lama, Boa, *Voegel, *Fische, Reh, Aal, Eidechse, *Saeugetiere, Forelle, Molch, Unke, Blindschleiche

Lösungswort: WIRBELTIERE

Klassenstufe: 5. - 10.
Schwierigkeitsgrad: *
Benötigte Zeit: ca. 20 Minuten

Weitere Hinweise:

Das Rätsel ist nahezu unbeschränkt zu verwenden – **für Vertretungsstunden** in fremden Klassen ebenso wie im **eigenen Biologieunterricht**. Die Art der anschließenden Auswertung hängt von der Klassenstufe und den Vorkenntnissen der Schüler ab.

Eine **Zuordnung der Beispiele zu den fünf Wirbeltierklassen** liegt nahe. Von den Säugetieren – im Rätsel deutlich in der Mehrzahl – wird der Wal evtl. nicht richtig eingeordnet, bei den Fischen vielleicht das Seepferdchen nicht genannt. Problematischer, falls im Unterricht noch nicht besprochen, ist das richtige Zuordnen der insgesamt 8 Amphibien und Reptilien. Anzustreben ist es, mit den Schülern zusätzlich (oder statt dessen) die **typischen Merkmale aller Wirbeltiere** einerseits und die **Charakteristika der einzelnen Wirbeltierklassen** andererseits zusammenzustellen.

Rätsel und Auswertungsvorschläge eignen sich gleichermaßen bereits als ein möglicher Einstieg in das Thema „Wirbeltiere" wie auch zu dessen Abschluss.

Zu **beachten** ist, dass in einigen längeren Namen noch jeweils ein kürzerer enthalten ist; wird dies nicht berücksichtigt, bleiben zum Schluss mehr als die benötigten 11 Buchstaben übrig. Die Beispiele sind: See*pferd*chen, Nil*pferd*, Wild*schwein*, außerdem Sa*lama*nder, Wi*esel* (Lama und Esel kommen ebenfalls im Rätsel vor).

Zum schnellen Auffinden der Lösung:
(evtl. eine Folie davon ziehen)

Schülerseite 13

Der „SEE"-Stern
– ein Rätselstern zum Einordnen von (Meeres)tieren –

24 mit „SEE" beginnende Tiernamen sollen in den „SEE"-Stern eingeordnet werden und zwar (der Reihe nach): **5 Robben** (Nr. 1 - 5), **7 Fische** (Nr. 6 - 12), **4 Stachelhäuter** (Nr. 13 - 16), **6 Hohltiere** (Nr. 17 - 22) und **2 Krebse** (Nr. 23 + 24). Viele dieser Tiere wirst du kennen, aber sicher nicht alle.

Die schon eingetragenen Buchstaben S und E erleichtern dir das schnelle Auffinden der jeweils richtigen Stelle; aber Vorsicht ist geboten, denn manche Worte „passen" an mehr als nur eine Stelle - und dann wird schnell aus einer Robbe ein Stachelhäuter, aus einem Fisch ein Krebs oder ein Hohltier.

Wichtig: Alle Namen werden, da sie mit „SEE" beginnen, von innen nach außen in den Rätselstern eingetragen; Umlaute werden als zwei Buchstaben geschrieben.

Die **markierten Buchstaben** ergeben als **Lösung** die eigentliche Überschrift des Rätsels.

Und dies sind die 24 Tiernamen (alphabetisch sortiert): SEE-anemone, -bär, -blase, -elefant, -feder, -gurke, -hase, -hund, -igel, -katze, -leopard, -lilie, -löwe, -moos, -nadel, -nelke, -pferdchen, -pocke, -rose, -spinne, -stern, -teufel, -wolf, -zunge.

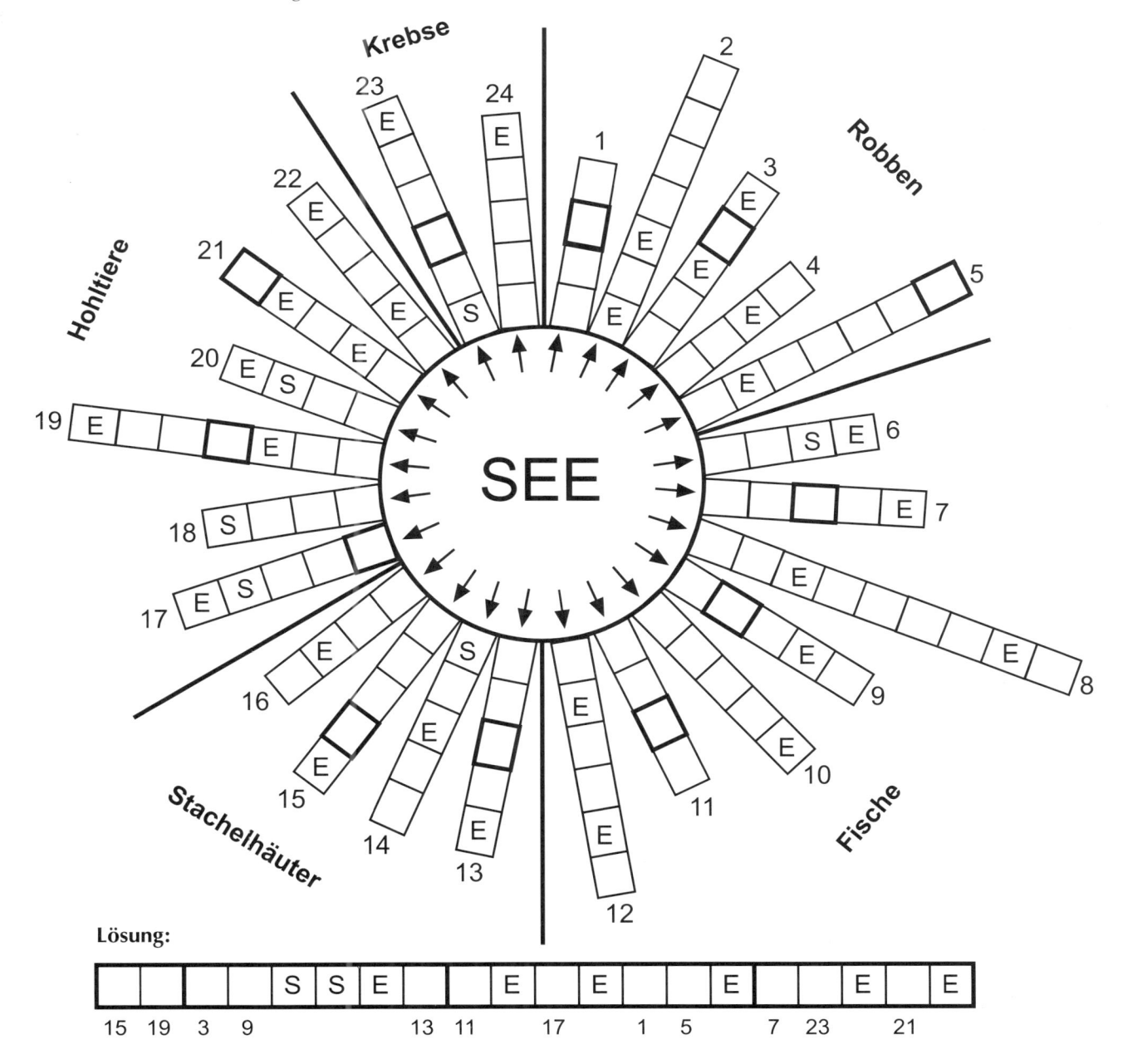

Lösung:

			S	S	E		E		E		E		E		E
15	19	3	9		13	11	17		1	5		7	23		21

Aus: Rätsel im Biologieunterricht, Aulis Verlag Deubner & Co KG, Köln, 1999

13 Schülerseite (Ergänzung)

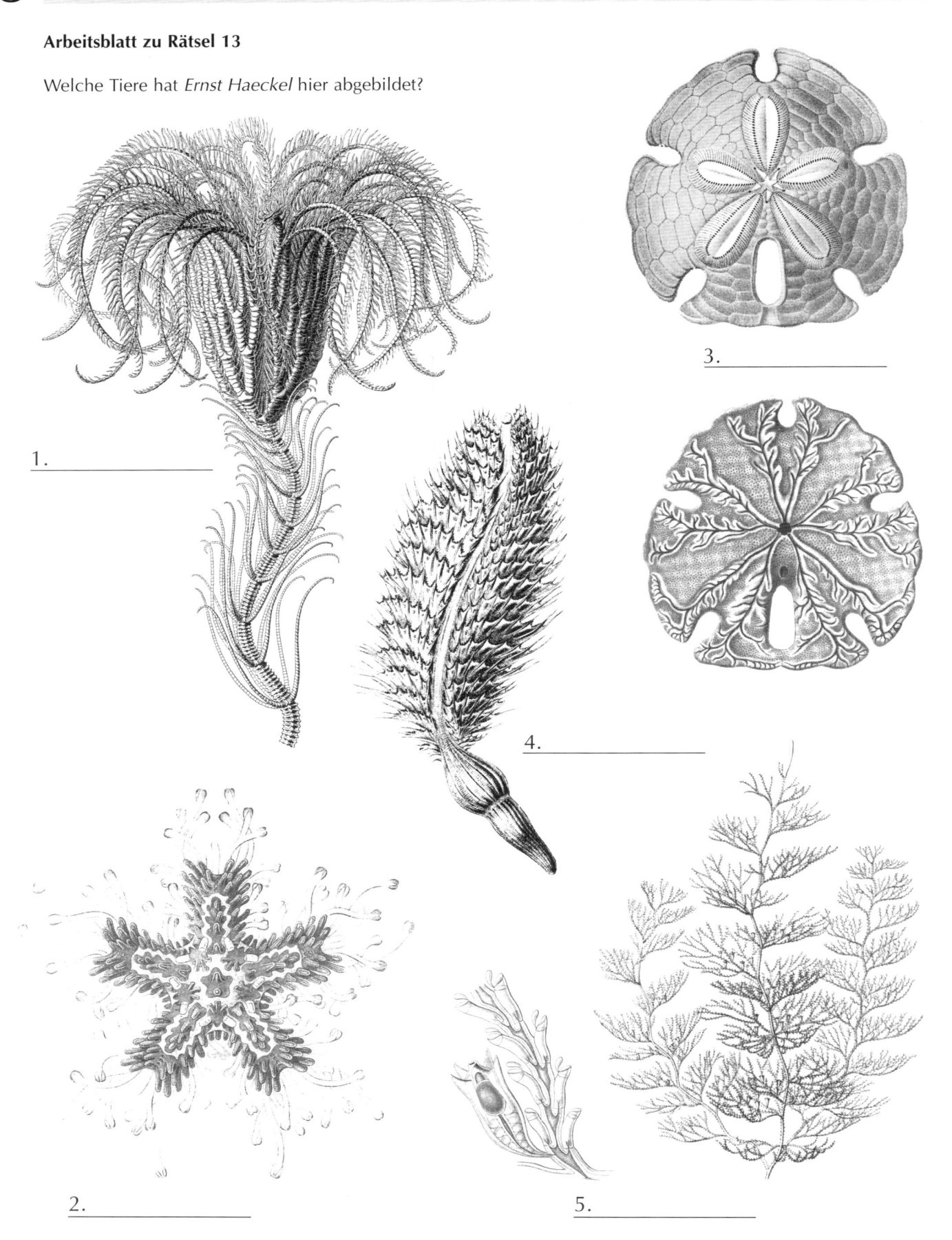

Arbeitsblatt zu Rätsel 13

Welche Tiere hat *Ernst Haeckel* hier abgebildet?

1. _____

2. _____

3. _____

4. _____

5. _____

| | | Lehrerseite | **13** |

Lösung zu Rätsel 13:

5 Robben:	1. -hund, 2. -elefant, 3. -loewe, 4. -baer, 5. -leopard,
7 Fische:	6. -hase, 7. -katze, 8. -pferdchen, 9. -nadel, 10. -zunge, 11. -wolf, 12. -teufel,
4 Stachelhäuter:	13. -gurke, 14. -stern, 15. -lilie, 16. -igel,
6 Hohltiere:	17. -blase, 18. -moos, 19. -anemone, 20. -rose, 21. -feder, 22. -nelke
2 Krebse:	23. -spinne, 24. -pocke

Lösung (Überschrift): IM WASSER LEBENDE TIERE

Lösung des zugehörigen Arbeitsblattes:

1. Seelilie, 2. Seestern, 3. Seeigel, 4. Seefeder, 5. Seemoos

Klassenstufe:	6. - 10.
Schwierigkeitsgrad:	*
Benötigte Zeit:	15 Minuten

Weitere Hinweise:

Am besten lässt sich der „SEE-Stern" im Rahmen einer **projektartig** angelegten Unterrichtsreihe über **das Meer als Lebensraum** nutzen – das kann eine Projektwoche kurz vor den Sommerferien ebenso sein wie der in manchen Bundesländern für einige Fächer und Jahrgangsstufen übliche sog. Wahlpflichtunterricht (WPU); auch zur Vorbereitung oder Nachbereitung eines **Zoobesuches** eignet sich das Rätsel.

Der Lehrer kann unterschiedliche Akzente setzen, ein näheres Eingehen auf die Besonderheiten der **Stachelhäuter** und der **Hohltiere** erscheint **empfehlenswert**. Die Biologiesammlung wird einiges an Anschauungsmaterial zu diesen beiden Tierstämmen besitzen: Seesterne, Seeigel, einige Korallen. Zusätzlich kann das Arbeitsblatt mit einer kleinen Auswahl der faszinierenden Zeichnungen von *Ernst Haeckel* ausgeteilt und ausgefüllt werden; die detailgenauen Darstellungen zeigen beeindruckende **„Kunstformen der Natur"** – so der Titel des zwischen 1898 und 1904 veröffentlichten, aus 100 Tafeln und zugehörigem Text bestehenden Werkes. (Anm.: Der abgebildete flache „Schlüsselloch-Sanddollar" gehört zu den Irregulären Seeigeln.)

Zum Ausfüllen des Rätsels: Alle Buchstaben **S** und **E** sind **bereits eingetragen**. Nur eine einzige Verteilung der Wörter ist *richtig*, in 3 Fällen sind aber je zwei Verteilungen möglich:

Folgende Wörter aus 4 Buchstaben „passen" jeweils an 2 Stellen, wodurch ein falsches Zuordnen möglich ist, ohne dass es bemerkt werden muss:
4. -BAER (Robbe) und 16. -IGEL (Stachelhäuter) sowie
6. -HASE (Fisch) und 20. -ROSE (Hohltier).
Bei 1. -HUND (Robbe) und 11. -WOLF (Fisch) verhilft der für die Lösung erforderliche Buchstabe (N bei Nr. 1, L bei Nr. 11) spätestens im Nachhinein zur richtigen Verteilung.

Fünf Wörter mit 5 Buchstaben können ebenfalls zunächst an mehrere Stellen plaziert werden; da keine Buchstaben von den Wörtern mit geraden Nummern zur Lösung des Rätsels beitragen, könnte letztlich das Verwechseln eines Fisches (Nr.10) mit einem Krebs (Nr. 24) unbemerkt bleiben; die fraglichen Wörter sind:
7. -KATZE (Fisch), 10. -ZUNGE (Fisch) - evtl. später austauschen,
13. -GURKE (Stachelhäuter), 15. -LILIE (Stachelhäuter) - evtl. austauschen,
24. -POCKE (Krebs).

Schülerseite

Nicht ganz leicht
– ein Silbenrätsel zur Tierkunde –

Trage mit Hilfe der angegebenen Silben die 45 gesuchten Begriffe, meist Tiernamen, ein. (Streiche die benutzten Silben stets aus; zum Schluss darf keine Silbe übrig bleiben.)

Die **aus 8 Worten bestehende Lösung** erhältst du, wenn du die ersten Buchstaben deiner Antworten aneinander reihst. Bei der **Lösung** handelt es sich um das in der Biologie gebräuchliche **Einteilungssystem, das die Vielfalt der Lebewesen übersichtlich macht.**

---

a a am as au aus be bel ben bi bung cha chen chen
dech den der der droh ei eich ein en en en er
fal fär fer feu fisch flie flüch füß füß
gar ge ge ge ge gel gel gel gen gen ger glie greif hor hörn
il in in kä ke ko la lar le le len len ler ler ler li li lin ling
ma mä mai man maul mei mö na nacht nat ne ne nen nest nis
ohr on pen phi ral rau re re re rep rin
sa säu schmet se se se see sek seln send spin stech stern stinkt
tarn tau tau ten ten ter ter ter ter ter ti tie tie tier tin tis
un ur ve vo vö wurf wurm wurm zel

---

1. aus ihnen entwickeln sich Schmetterlinge ....

2. die kleinsten Tiere und Pflanzen, die einen echten Zellkern besitzen ....

3. Tierklasse, die in allen Bereichen der Erde außer der Tiefsee Vertreter hat und sich durch enormen Formenreichtum auszeichnet ....

4. Reptil mit einzeln beweglichen Augen; es zeigt Stimmungsänderungen durch Farbwechsel an ....

5. unsere größte Wespe ....

6. sie haben 8 Beine und bis zu 8 Augen ....

7. trotz des Namens kein Fisch, sondern ein im Meer lebender Verwandter der Schnecken ....

8. Frosch, Kröte und Molch gehören zu dieser Wirbeltierklasse ....

9. schädliches, aber dennoch beliebtes Insekt (wird oft aus Schokolade nachgebildet) ....

10. kleines schwarzes Säugetier mit samtartigem Fell ....

Schülerseite 14

11. kleine Tiere, die riesige Bauwerke im Meer errichten können ....

12. Jugendform eines Tieres, die deutlich anders aussieht als das ausgewachsene Tier ....

13. es ist unmöglich, die Form dieses Tieres zu beschreiben ....

14. die Wirbeltierklasse, zu der auch der Mensch gehört ....

15. Blut saugendes Insekt, das in den Tropen Krankheiten übertragen kann ....

16. allseits beliebtes rotbraunes Nagetier mit buschigem Schwanz ....

17. trotz des Namens kein Wurm, sondern ein Insekt ....

18. er gräbt fleißig im Boden, den er nur nach starkem Regen verlässt; er ernährt sich von Pflanzenresten, z. B. von faulenden Blättern ....

19. männliche Biene ....

20. ihre Schneidezähne wachsen dauernd; Hamster und Meerschweinchen gehören dieser Tierordnung an ....

21. ausgestorbener Vogel, von dem es nur einige wenige Versteinerungen gibt ....

22. junge Vögel, die im Alter von wenigen Stunden das Nest verlassen ....

23. der Tierstamm, zu dem z. B. Insekten, Spinnen, Krebse und Tausendfüßler gehören ....

24. Amphib mit gelb-schwarzer Warnfärbung ....

25. ein sehr kleines Lebewesen mit tierischen und pflanzlichen Eigenschaften ....

26. so nennt man Fliegenlarven ....

27. kleines Raubtier, bei uns gar nicht so selten ....

28. räuberische Insekten, die oft im Uferbereich von Gewässern zu sehen sind ....

29. angeborener Verhaltensmechanismus ....

30. Maikäferlarve ....

Aus: Rätsel im Biologieunterricht, Aulis Verlag Deubner & Co KG, Köln, 1999

14 Schülerseite

31. Meereskrebs, dessen Fleisch als Krabbenfleisch verkauft wird ....

32. Staaten bildende Insekten, von denen nur die Geschlechtstiere fliegen können ....

33. sie haben bis zu 240 Beinpaare ....

34. Tiere, die dieses Merkmal besitzen, kann man schlecht sehen ....

35. kleines Amphib mit intensiv gemusterter Bauchseite ....

36. tagsüber ruhen sie, nachts fliegen sie ....

37. Adler, Falken, Eulen sind Beispiele für diese Vögel ....

38. Meeresmuschel, die als Delikatesse gilt und roh (lebend) gegessen wird; sie kann gefährliche Krankheitserreger enthalten ....

39. eine Klasse von Wirbeltieren mit schuppiger Haut; zu ihr gehören auch die Saurier ....

40. sie sind in Großstädten oft eine Plage; sie können die Papageienkrankheit übertragen ....

41. die häufigste einheimische Schlange ....

42. kleine Krebse; viele Arten leben an feuchten Stellen auf dem Land ....

43. Meerestier mit 5 Armen ....

44. Insekten mit saugenden Mundwerkzeugen und vier großen, oft bunt gemusterten Flügeln ....

45. kleines flinkes Reptil ....

Die Lösungsworte lauten:

1. _____   2. _____   3. _____

4. _____   5. _____   6. _____

7. _____   8. _____

Lehrerseite 14

Lösung zu Rätsel 14:

1. Raupen, 2. Einzeller, 3. Insekten, 4. Chamäleon, 5. Hornisse, 6. Spinnen, 7. Tintenfisch, 8. Amphibien, 9. Maikäfer, 10. Maulwurf 11. Korallen, 12. Larve, 13. Amöbe, 14. Säugetiere, 15. Stechfliege, 16. Eichhörnchen, 17. Ohrwurm, 18. Regenwurm, 19. Drohne, 20. Nagetiere, 21. Urvogel, 22. Nestflüchter, 23. Gliederfüßler, 24. Feuersalamander, 25. Augentierchen, 26. Maden, 27. Iltis, 28. Libellen, 29. Instinkt, 30. Engerling, 31. Garnele, 32. Ameisen, 33. Tausendfüßler, 34. Tarnfärbung, 35. Unke, 36. Nachtfalter, 37. Greifvögel, 38. Auster, 39. Reptilien, 40. Tauben, 41. Ringelnatter, 42. Asseln, 43. Seestern, 44. Schmetterlinge, 45. Eidechse

Lösungsworte: 1. REICH, 2. STAMM, 3. KLASSE, 4. ORDNUNG, 5. FAMILIE, 6. GATTUNG, 7. ART, 8. RASSE

Klassenstufe: 7. - 9.
Schwierigkeitsgrad: ***
Benötigte Zeit: 35 - 40 Minuten

Weitere Hinweise:

Soll den Schülern gegen Ende der Besprechung der Tierkunde ein **Überblick über die Vielfalt tierischer Lebewesen** vermittelt werden, so kann das mit Hilfe dieses Silbenrätsels geschehen. Die Fragen ziehen sich quer durch die Stämme des Tierreichs, wobei die **Fragen zu den Wirbellosen deutlich in der Mehrzahl** sind; die Wirbeltiere sind mit 15 Fragen im Rätsel vertreten, zwei Fragen (Nr. 2 und Nr. 25) gehen über das Tierreich hinaus.

Die Umschreibungen der gesuchten Tiere finden auf unterschiedlichen Ebenen statt: Zur Charakterisierung werden **morphologische Merkmale** und **systematische Gesichtspunkte** ebenso herangezogen wie z. B. typische **Lebens-, Ernährungs- und Verhaltensweisen**; verschiedene **Entwicklungsstadien**, auch die **Schädlichkeit mancher Lebewesen** werden angesprochen.

In Ergänzung zum Rätsel kann man anschließend **die Vertreter der einen oder anderen „Tiergruppe" heraussuchen** und deren Gemeinsamkeiten zusammenstellen lassen. Man kann das Rätsel aber auch dazu nutzen, um **exemplarisch** an einigen der im Rätsel vorkommenden Tiere **das Einteilungssystem der Lebewesen** (siehe Lösung) darzustellen, für „den Maikäfer" etwa so:

- An ARTEN unterscheidet man z. B. den WALDMAIKÄFER und den FELDMAIKÄFER,
- beide Arten gehören zur GATTUNG MAIKÄFER,
- diese zählt (zusammen mit anderen Käfergattungen, z. B. den Rosenkäfern und den Mistkäfern) zur FAMILIE der BLATTHORNKÄFER,
- die Blatthornkäfer wiederum gehören (wie z. B. auch die Familien der Hirschkäfer, Marienkäfer, Rüsselkäfer und Laufkäfer) zur ORDNUNG der KÄFER,
- Käfer, Schmetterlinge, ... zählen zur KLASSE der INSEKTEN,
- Insekten, Spinnentiere, Krebse, Tausendfüßler bilden zusammen den STAMM der GLIEDERFÜSSLER,
- und letztere zusammen mit anderen Tierstämmen, z. B. den Wirbeltieren, den Hohltieren, ... das TIERREICH.

Anmerkung: Auf „Feinheiten" geht man nur ein, wenn von den Schülern Tiere zum Einordnen vorgeschlagen werden, bei denen dies notwendig ist, z. B. wenn sie HundeRASSEN wie Pudel, Spitz, ... nennen, die zusammen die UNTERART HAUSHUND bilden. (Auch Kategorien wie Überfamilie, Unterordnung lässt man am besten weg.)

15 Schülerseite

Wer kennt sich da noch aus ?!?!
– ein Rätsel über irreführende Tiernamen –

Du kennst doch Hunde, Katzen, Löwen – oder etwa nicht?? Was ist zum Beispiel ein Flug*hund*, eine Meer*katze*, ein Blattlaus*löwe*?
Versuche, die folgenden 29 Tiernamen richtig einzuordnen! Die angegebenen Buchstabenzahlen und jeweils ein schon eingetragener Buchstabe helfen dir dabei; Umlaute werden als 2 Buchstaben eingetragen.
Die eingerahmten Buchstaben ergeben, der Reihe nach gelesen, des Rätsels Lösung; kennst du die drei Tiere?

Es sollen eingeordnet werden:

1. Flug*hund*
2. See*hund*
3. Meer*katze*
4. Spitz*maus*
5. Ameisen*löwe*
6. Blattlaus*löwe*
7. See*löwe*
8. See*igel*
9. Stachel*schwein*
10. Meer*schweinchen*
11. Koala*bär*
12. Brauner *Bär*
13. Kleiner *Fuchs*
14. Haus*bock*
15. Holz*bock*
16. Enten*muschel*
17. Silber*fischchen*
18. Tinten*fisch*
19. Glüh*würmchen*
20. Ohr*wurm*
21. See*pferdchen*
22. Heu*pferd*
23. Wal*ross*
24. See*anemone*
25. See*nelke*
26. Wasser*floh*
27. Gras*mücke*
28. Rosen*eule*
29. Saat*eule*

So sieht die richtige Zuordnung aus:

1	Affe:	☐ _ _ _ _ A _ _ _ _
4	Schmetterlinge:	_ _ ☐ U _ _ _ _ _ _ _
		_ _ _ _ I _ _ _ _ ☐ _ _ _
		☐ _ A _ _ _ _
		_ ☐ _ E _ _ _ _ _
5	andere Insekten:	_ _ _ _ _ ☐ _ _ _ _ _ E _
		O _ ☐ _ _ _ _
		_ _ _ ☐ _ E _ _
		_ _ _ _ _ _ _ ☐ I _ _
		_ ☐ _ _ _ O _ _
1	Insektenfresser:	_ _ I _ _ _ _ _ ☐ _
3	Robben:	_ _ ☐ _ O _ _ _
		_ _ _ _ _ U ☐ _
		_ ☐ _ _ O _ _
1	Fledertier:	_ _ ☐ _ _ U _ _
1	Vogel:	☐ _ A _ _ _ _ _ _
1	Fisch:	_ E _ _ _ ☐ _ _ _ _
1	Spinnentier:	☐ O _ _ _ _ _ _
2	Krebse:	_ _ _ E _ _ ☐ _
		_ A _ _ ☐ _
1	Stachelhäuter:	_ _ ☐ I _ _ _ _
2	Insektenlarven:	_ _ _ ☐ _ _ _ _ O _ _ _
		_ _ _ _ _ _ A _ ☐ _ _
2	Hohltiere:	_ ☐ _ E _ _ _ _
		_ _ _ _ _ ☐ _ O _ _
1	Weichtier:	_ I _ _ _ ☐ _ _
1	Beuteltier:	_ _ ☐ _ A _ _
2	Nagetiere:	_ _ _ _ ☐ _ _ _ _ _ I _
		_ _ _ _ _ ☐ _ _ _ _ _ _ I _

Lösungswörter: _____   _____   _____

Tierarten: _____   _____   _____

Lehrerseite 15

Lösung zu Rätsel 15:

1 Affe:	Meerkatze		1 Spinnentier:	Holzbock
4 Schmetterlinge:	Brauner Baer		2 Krebse:	Entenmuschel
	Kleiner Fuchs			Wasserfloh
	Saateule		1 Stachelhäuter:	Seeigel
	Roseneule		2 Insektenlarven:	Ameisenloewe
5 andere Insekten:	Gluehwuermchen			Blattlausloewe
	Ohrwurm		2 Hohltiere:	Seenelke
	Heupferd			Seeanemone
	Silberfischchen		1 Weichtier:	Tintenfisch
	Hausbock		1 Beuteltier:	Koalabaer
1 Insektenfresser:	Spitzmaus		2 Nagetiere:	Meerschweinchen
3 Robben:	Seeloewe			Stachelschwein
	Seehund			
	Walross			
1 Fledertier:	Flughund			
1 Vogel:	Grasmuecke			
1 Fisch:	Seepferdchen			

Lösungswörter und Tierarten:
MAUSOHR (Fledertier/Fledermaus)
PFAUENAUGE (Schmetterling)
HUFEISENNASE (Fledertier/Fledermaus)

Klassenstufe: 5. - 10.
Schwierigkeitsgrad: * bis **
Benötigte Zeit: 15 Minuten

Weitere Hinweise:

Wegen seines **eher unterhaltsamen, weniger dagegen lehrreichen Charakters** kann das Rätsel in den **Klassen 5 bis 7** im Rahmen der Tierkunde gut zur Auflockerung einer Unterrichtsstunde beitragen oder auch eine gern akzeptierte Hausaufgabe sein – in jedem Fall macht das Rätsel den Schülern Spaß. Originelles wie die vorliegende Zusammenstellung „falscher" Tiernamen interessiert jüngere Schüler i. a. sehr, auch merken sie sich Besonderheiten und Einzelheiten bekanntlich gern und gut, weshalb man durchaus einige fachliche Bemerkungen einfließen lassen sollte, z. B. dass es aus biologischer Sicht die Gruppe der „Würmer" überhaupt nicht gibt, oder dass die Bezeichnung „-eule" bei Schmetterlingen stets auf einen Nachtfalter hindeutet.

Für Schüler der **Klassen 8 bis 10** eignet sich das Rätsel, um im Falle nachlassender Motivation das Interesse am Fach erneut zu wecken, auch als kurzweilige Beschäftigung in Unterrichtsstunden wie beispielsweise den in der Fastnachtswoche gelegenen und anderen vergleichbaren Situationen, in denen es erfahrungsgemäß nicht leicht ist, „richtigen" Unterricht zu halten. Im übrigen gilt das gleiche wie oben bereits erwähnt: Man kann – dem Alter der Schüler angepasst – durchaus auch Ernsthaftes ergänzen, das dann mitunter besonders gut „hängen bleibt".

Zum Lösen des Rätsels:

Aufgrund der vorgegebenen Buchstabenzahlen und jeweils eines schon eingetragenen Buchstabens **lassen sich alle Tiernamen eindeutig zuordnen.**

Bei den beiden aus zwei Wörtern bestehenden Namen, dem mit „O" beginnenden Wort und den besonders langen Wörtern finden die Schüler auch sehr schnell die richtige Stelle; ansonsten **versuchen sie meist ganz spontan, die Tiernamen ohne derartige Hilfen formaler Art** richtig einzuordnen, was auch wünschenswert ist, aber oft nicht vollständig gelingt. Wie weit die Kenntnisse reichen, ist von Klasse zu Klasse sehr verschieden; ob bzw. wann die Schüler den Trick herausbekommen, die verbliebenen Tiernamen einfach passend zu „verteilen", ist nicht vorauszusagen, man wird ihnen den Tipp aber notfalls nach einer gewissen Zeit geben. (Einige Namen lassen sich zwar zunächst an mehreren Stellen unterbringen, eine fehlerhafte Verteilung wirkt sich jedoch störend auf das Lösungswort aus und muss korrigiert werden, womit dann auch die Zuordnung richtig wird.)

Kennst du dich aus?
– ein Kammrätsel zu Bewegungssystem und Atmung –

24 Begriffe sind zu finden. Trage sie waagrecht in die dafür vorgesehenen Felder ein (Ä = AE, Ö = OE, Ü = UE)! Senkrecht erhältst du dann das Lösungswort; es hat mit der Atmung zu tun.

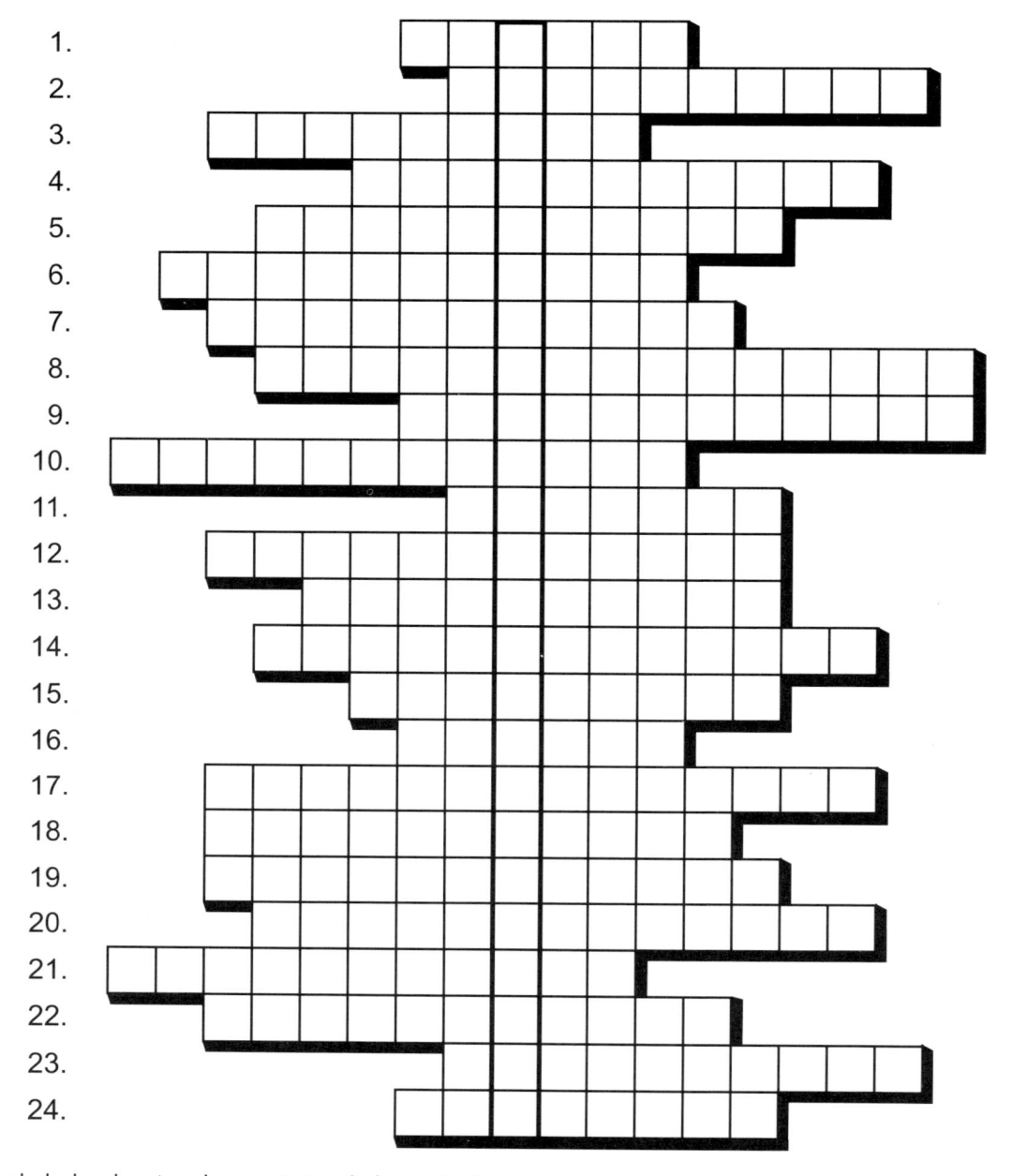

1. der Muskel, der den Arm beugt; 2. Muskel unterhalb der Lungen, wichtig für die Atmung; 3. Röhren, die durch Bakterienbefall verschleimen können (Bronchitis); 4. Atmungsart, bei der beim Einatmen die Rippen hochgezogen werden; 5. scheibenförmiger Knochen am Bein; 6. sie umgibt die Knochen, ist sehr schmerzempfindlich; 7. Gelenkart, die das Bewegen nach allen Richtungen ermöglicht; 8. kleine Hohlräume in den Lungen (etwa 1/4 mm groß); 9. stützt unseren Körper, besteht aus 34 Knochen; 10. sie befinden sich zwischen den Knochen von Nr. 9; 11. ein Unterarmknochen; 12. Teil eines Gelenks; 13. vorderer Unterschenkelknochen; 14. die Umhüllung einer Sehne; 15. Muskel, der den Unterkiefer hebt; 16. Muskel, der einen Körperteil beugt; 17. Knochen, der die Schulter nach hinten drückt; 18. er entsteht, wenn ein Muskel zu stark arbeiten musste; 19. eine nicht so schlimme Beschädigung eines Gelenks; 20. Sehne oberhalb der Ferse; 21. es befindet sich in den Knochen, kann rot oder weiß sein; 22. zu ihr benötigen wir Nr. 2; 23. Röhre vor der Speiseröhre, mit Ringen versteift; 24. Gegenteil von Nr. 16.

Lehrerseite 16

Lösung zu Rätsel 16:

1. Bi**z**eps, 2. Z**w**erchfell, 3. Bronch**i**en, 4. Bru**s**tatmung, 5. Knie**s**cheibe, 6. Knochen**h**aut, 7. Kugelg**e**lenk, 8. Lunge**n**blaeschen, 9. Wi**r**belsaeule, 10. Bandsche**i**ben, 11. S**p**eiche, 12. Gelenk**p**fanne, 13. Schi**e**nbein, 14. Sehne**n**scheide, 15. Kau**m**uskel, 16. Be**u**ger, 17. Schl**u**esselbein, 18. Muskel**k**ater, 19. Versta**u**chung, 20. Achille**s**sehne, 21. Knochen**m**ark, 22. Bauch**a**tmung, 23. L**u**ftroehre, 24. St**r**ecker

Lösungswort: ZWISCHENRIPPENMUSKULATUR

Klassenstufe: 5. - 6.
Schwierigkeitsgrad: **
Benötigte Zeit: 15 - 20 Minuten

Weitere Hinweise:

Gründliche Kenntnisse des Bewegungssystems sind zum Lösen des Rätsels erforderlich, einige Kenntnisse zur Atmung von Vorteil.

Da sich die **weitaus meisten Fragen auf das Bewegungssystem beziehen**, kann das Rätsel zur **Zusammenfassung** dieser Unterrichtseinheit verwendet werden. Man kann es als Abwechslung zum sonst üblichen Abfragen im Unterricht lösen oder als Hausaufgabe bearbeiten lassen. Insbesondere eignet es sich zur Wiederholung und Festigung des Wissens zwecks **Vorbereitung auf eine schriftliche Lernkontrolle.**

Will man die **Atmung im Anschluss an das Bewegungssystem** und nicht erst im Zusammenhang mit dem Kreislauf oder dem Stoffwechsel behandeln, eignen sich die Antwort zur Frage 2 (Zwerchfell) und das Lösungswort (Zwischenrippenmuskulatur) zur **Überleitung**, da sie die beiden Themen verknüpfen. Von den fünf zur Atmung gehörenden Fragen können die Schüler zu diesem Zeitpunkt die Fragen 4, 8 und 22 vermutlich nicht ohne Hilfe beantworten; die Fragen 3 und 23 sind dagegen auch ohne fachliches Vorwissen lösbar.

Falls die Schüler bei Frage 1 „Beuger" statt „Bizeps" eintragen, stört das beim Lösungswort; sie werden auch beim Beantworten von Frage 16 auf diesen Fehler aufmerksam und können ihn korrigieren.

Schülerseite

Findest du die passenden Begriffe?
– ein Kammrätsel zu Kreislauf und Stoffwechsel –

19 Begriffe werden gesucht. Trage sie waagrecht in die dafür vorgesehenen Felder ein (Ä = AE, Ö = OE, ß = SS)! Senkrecht ergibt sich dann das Lösungswort; es handelt sich um ein wichtiges Organ, das mit dem Stoffwechsel zu tun hat.

Du kannst aber auch zuerst senkrecht das Lösungswort eintragen – dazu musst du nur das nebenstehende Bilderrätsel lösen (Ü = UE).

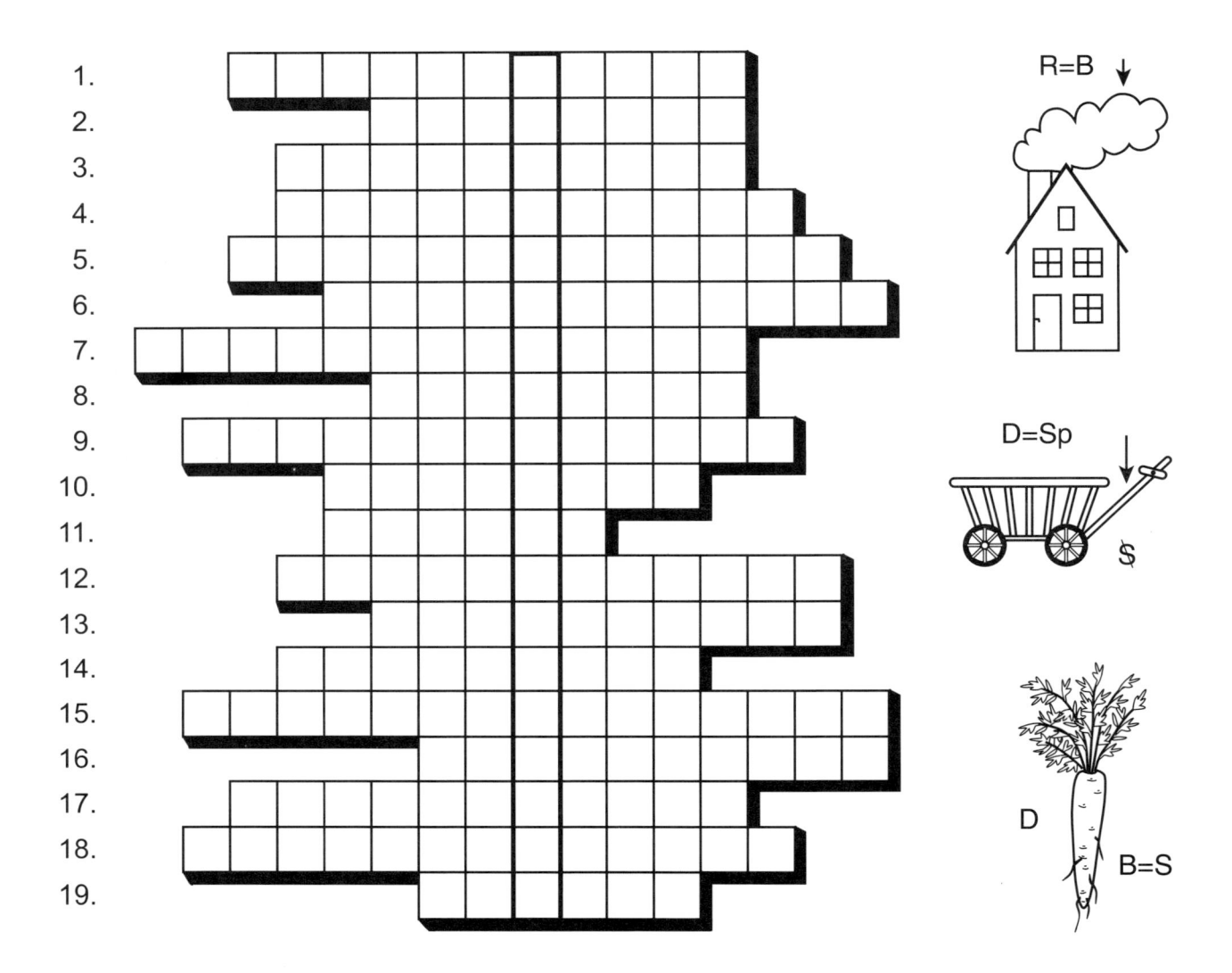

1. sie speichert die Verdauungsflüssigkeit der Leber; 2. lebensnotwendige Stoffe, die wir in kleinen Mengen mit der Nahrung aufnehmen müssen; 3. Muskel, der nie ruhen darf; 4. äußere, besonders harte Schicht der Zähne; 5. Stoffgruppe, zu der die Nährstoffe Zucker und Stärke gehören; 6. sie leitet die Nahrung in den Magen; 7. Vorsorgemaßnahme, bei der uns tote oder abgeschwächte Krankheitserreger eingespritzt werden; 8. Adern, in denen das Blut vom Herzen wegfließt; 9. Fähigkeit des Blutes, die bei einer Verletzung vor zu großem Blutverlust schützt; 10. Flüssigkeit, die die Nahrung schon etwas verdaut und die gekaute Nahrung gleitfähiger macht; 11. schwach gelbe, etwas klebrige Flüssigkeit, die aus oberflächlichen Wunden austreten kann; 12. kleinste Adern, deren Gesamtlänge beim erwachsenen Menschen über 1000 km beträgt; 13. viele Leute sagen auch Backenzähne dazu; 14. so nennen viele Leute fälschlicherweise den Wurmfortsatz; 15. kleine feste, rote oder weiße Teilchen im Blut; 16. lebenswichtiges Gas; 17. die besten Waffen des Körpers gegen Krankheitserreger; 18. sie sind nicht nahrhaft, aber wichtig für die Darmtätigkeit; 19. sie reinigen das Blut.

Lehrerseite 17

Lösung zu Rätsel 17:

1. Gallen**b**lase, 2. Vit**a**mine, 3. Herzm**u**skel, 4. Zahns**c**hmelz, 5. Kohlen**h**ydrate, 6. Spei**s**eroehre, 7. Schutzim**p**fung, 8. Art**e**rien, 9. Blutger**i**nnung, 10. Spei**c**hel, 11. Lymp**h**e, 12. Haarg**e**faesse, 13. Mah**l**zaehne, 14. Blin**d**darm, 15. Blutkoe**r**perchen, 16. Sa**u**erstoff, 17. Antikoerp**e**r, 18. Ballast**s**toffe, 19. Ni**e**ren

Lösungswort: BAUCHSPEICHELDRUESE

Klassenstufe:	5. - 6.
Schwierigkeitgrad:	*
Benötigte Zeit:	maximal 15 Minuten

Weitere Hinweise:

Die Fragen beziehen sich auf die beiden Themenbereiche Stoffwechsel / Ernährung und Kreislauf / Blut, wobei diejenigen zu Stoffwechsel und Ernährung in der Mehrzahl sind. Mit seinem **stichpunktartigen Querschnitt durch zwei größere Unterrichtseinheiten** bietet das Rätsel die Möglichkeit einer umfassenden Wiederholung; um es erfolgreich bearbeiten zu können, müssen sich die Schüler auch längere Zeit zurückliegenden Unterrichtsstoff wieder ins Gedächtnis zurückrufen, was bekanntlich stets mit einer gewissen Schwierigkeit verbunden ist. Da die Beantwortung der Fragen den Schülern andererseits jedoch kein allzu spezielles Wissen abverlangt, ist das Rätsel für sie insgesamt relativ leicht zu lösen. Das Rätsel kann als Hausaufgabe gestellt oder im Unterricht gelöst werden. In jedem Fall stellt die Beschäftigung mit dem Rätsel eine willkommene Abwechslung zum sonst üblichen Unterrichtsgeschehen dar.

In besonderer Weise trägt das neben dem Kammrätsel noch zusätzlich dargestellte Bilderrätsel (für das Lösungswort) der Tatsache Rechnung, dass die Schüler oft von der Grundschule her Unterrichtsmaterial in Spiel- und Rätselform gewöhnt sind und gern bearbeiten. Wenn die Schüler – was anzunehmen ist – deshalb zuerst das Bilderrätsel lösen, erleichtern sie sich die Beantwortung der 19 Fragen erheblich, da sie auf diese Weise für jede Antwort einen Buchstaben erhalten. Erscheint dem Lehrer diese Vorgehensweise nicht wünschenswert, kann er das Bilderrätsel vor dem Kopieren abdecken und den dazugehörigen Satz der Arbeitsanweisung löschen.

Das Bilderrätsel wird wie folgt „entschlüsselt":

R̶AUCH D̶EICHS̶EL RUED̶E̶   = Bauch-speichel-drüse
B   SP   D   S

18 Schülerseite

Durchblick?
– ein Silbenrätsel zum menschlichen Auge –

Mit Hilfe der angegebenen Silben sind die folgenden 16 Begriffe zu finden. Streiche die verwendeten Silben aus – es darf keine Silbe übrig bleiben.

Die gesuchten Buchstaben ergeben, jeweils von oben nach unten gelesen, als Lösung des Rätsels vier weitere Begriffe, die miteinander in Zusammenhang stehen.

a	ben	ber	blin	blind	bo	chen	chen	dap	der	drü
far	fleck	fleck	gel	gen	gen	glas	haut	haut	heit	hen
keit	kör	kurz	le	lin	nacht	nen	nerv	netz		
on	per	pil	pu	pur	pur	re				
se	se	se	seh	seh	sich	stäb	ta	ti	tig	trä	zäpf

1. Name des gallertartigen Augeninneren .... 7 = ... 4 = ...
2. Stelle, an der Nr. 10 beginnt (2 Worte) .... 6 = ... 3 = ...
3. Anpassung von Nr. 14 an die Helligkeit .... 8 = ... 10 = ...
4. Sinneszellen (Farbrezeptoren) .... 1 = ... 8 = ...
5. andere Art von Rezeptoren (empfindlicher als Nr. 4) .... 1 = ... 7 = ...
6. für die Bilderzeugung mitverantwortlicher Teil des Auges .... 2 = ... 4 = ...
7. Drüse, deren Produkt das Auge reinigt .... 4 = ... 6 = ...
8. dünne Haut, welche Nr. 4 und Nr. 5 enthält .... 1 = ... 2 = ...
9. anderer Name für Iris .... 2 = ... 1 = ...
10. er leitet den Sinnesreiz weiter .... 1 = ... 7 = ...
11. Fehlsichtigkeit des Auges, z. B. durch zu starke Linsenkrümmung oder zu langen Augapfel hervorgerufen .... 4 = ... 11 = ...
12. Stelle des schärfsten Sehens (2 Worte) .... 2 = ... 5 = ...
13. Vitamin A - Mangel kann zu dieser Erkrankung führen .... 7 = ... 4 = ...
14. Öffnung für den Durchtritt des Lichtes .... 5 = ... 4 = ...
15. lichtempfindliche Substanz .... 2 = ... 6 = ...
16. Fähigkeit, zu der verschiedenartige Nr. 4 notwendig sind .... 6 = ... 11 = ...

Die vier Lösungsworte lauten:

_____ _____ _____ _____

| Lehrerseite | 18 |

Lösung zu Rätsel 18:

1. Glaskörper, 2. Blinder Fleck, 3. Adaptation, 4. Zäpfchen, 5. Stäbchen, 6. Linse, 7. Tränendrüse, 8. Netzhaut, 9. Regenbogenhaut, 10. Sehnerv, 11. Kurzsichtigkeit, 12. Gelber Fleck, 13. Nachtblindheit, 14. Pupille, 15. Sehpurpur, 16. Farbensehen

Lösungsworte: REIZ – SINNESZELLEN – SINNESNERV – GEHIRN

Klassenstufe:	7. - 9.
Schwierigkeitsgrad:	*
Zeit:	10 - 15 Minuten

Weitere Hinweise:

Nur die **gängigsten Begriffe** zum Thema „Menschliches Auge" werden erfragt. Finden die Schüler wider Erwarten einige Antworten nicht, so können sie versuchen, diese aus den restlichen Silben zusammenzusetzen; deshalb ist es wichtig, sie darauf hinzuweisen, dass es zweckmäßig ist, die verwendeten Silben konsequent auszustreichen. Mit dem Rätsel kann man eine Unterrichtseinheit über das menschliche Auge als Sinnesorgan **zusammenfassen und abschließen**.

Die Aufeinanderfolge der **vier Lösungsworte** bietet jedoch auch die Möglichkeit, den Schülern ansatzweise zu vermitteln, dass der **Sehvorgang in seiner Gesamtheit**, d. h. die Informationsverarbeitung eines optischen Reizes bis hin zur bewussten Wahrnehmung, ein **außerordentlich komplexer Vorgang** ist (den die Wissenschaft bisher noch keinesfalls befriedigend erklären kann). Anhand einiger leicht von den Schülern selbst zu zeichnenden **optischen Täuschungen** wird ihnen eindrucksvoll vorgeführt,

- dass man mitunter Dinge **anders** wahrnimmt, als sie „tatsächlich" sind (und dass es auch trotz Bemühens nicht gelingt, sie so zu sehen, wie sie objektiv sind);
- dass ein Bild **nicht immer einen eindeutigen Eindruck** vermittelt, sondern unterschiedlich wahrgenommen werden kann, wobei die Interpretationen hin- und herspringen.

Dazu lässt man sie im Anschluss an die Bearbeitung des Rätsels die folgenden vier optischen Täuschungen anfertigen. **Vorbereitung** für
Abb. 1: 1 senkrechte Linie, z. B. 3 cm hoch;
Abb. 2: 2 senkrechte Linien je 3 cm hoch, Abstand 1 cm;
Abb. 8: 3 senkrechte Linien je 3 cm hoch, Abstand je 1 cm;
Abb. 4: 1 senkrechte Linie 2,5 cm (oder ebenfalls 3 cm) hoch.

Diese Geraden werden wie folgt ergänzt:
Abb. 1: unter die Linie kommt mittig eine Waagrechte von 3 cm;
Abb. 2: 5 Geraden, die sich in der Mitte zwischen den Linien in einem Punkt schneiden;
Abb. 3: eine schräge Schraffur, die bei der mittleren Linie umgekehrt zur Richtung bei der 1. und 3. Linie verläuft;
Abb. 4: die Linie wird zu einem „Y" ergänzt, wobei der obere Winkel zwischen 120° und 140° betragen soll.

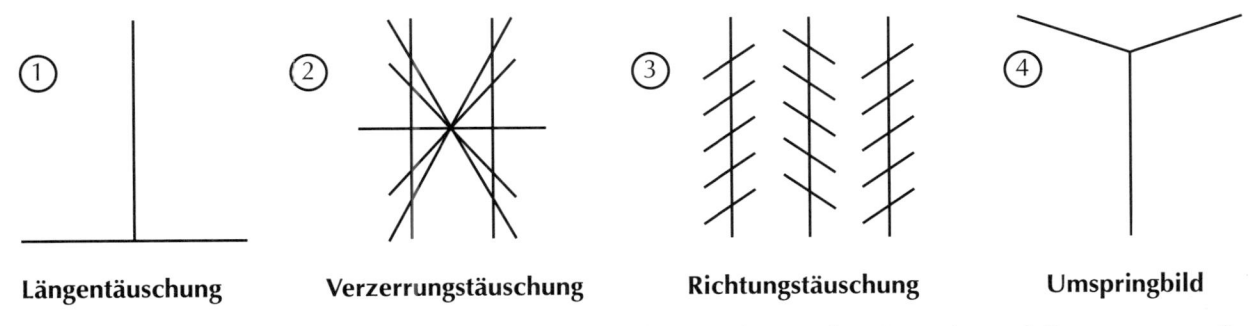

| ① | ② | ③ | ④ |
| Längentäuschung | Verzerrungstäuschung | Richtungstäuschung | Umspringbild |

Zu Abb. 4: Man sieht entweder eine Ecke, in die man hineinschaut, oder eine Ecke, auf die man von außen blickt – aber nie beides gleichzeitig.

Medizinisches

– eine Rätselfigur –

1. kann als (Dauer)folge ständiger zu lauter Geräuscheinwirkung, auch Diskomusik, auftreten (Ö = OE)
2. Untersuchungsmethode für die Herzfunktion, Abkürzung EKG
3. tritt bei starker körperlicher Betätigung in untrainierten Muskeln auf, führt zu Muskelkater
4. Folge eines zu langen Augapfels oder einer zu stark gekrümmten Augenlinse
5. Vorbeugemaßnahme, erzeugt eine kurzfristige Immunität
6. liegt im Fußbereich, wird bei Fußballspielern häufig verletzt
7. allergische Erkrankung, tritt meist im Frühjahr auf
8. kommt von zu viel Sonne, kann mit Fieber einhergehen
9. hat nichts mit Nr. 7 zu tun, ist meist nach einer Woche vorbei (Ä = AE)
10. „Stresshormon"
11. juckende Hauterkrankung, mögliche Infektionsquellen sind Schwimmbad und Sauna (ß = SS)
12. Knorpel im Kniebereich, wird bei Überbeanspruchung häufig verletzt
13. regelmäßiges Zähneputzen hilft dagegen
14. prüft, wärmt, reinigt und feuchtet die eingeatmete Luft an
15. presst z. B. bei schnellem Rennen verstärkt Blut in den Blutkreislauf, Folge: Seitenstechen
16. Teil des Auges, putzt ständig

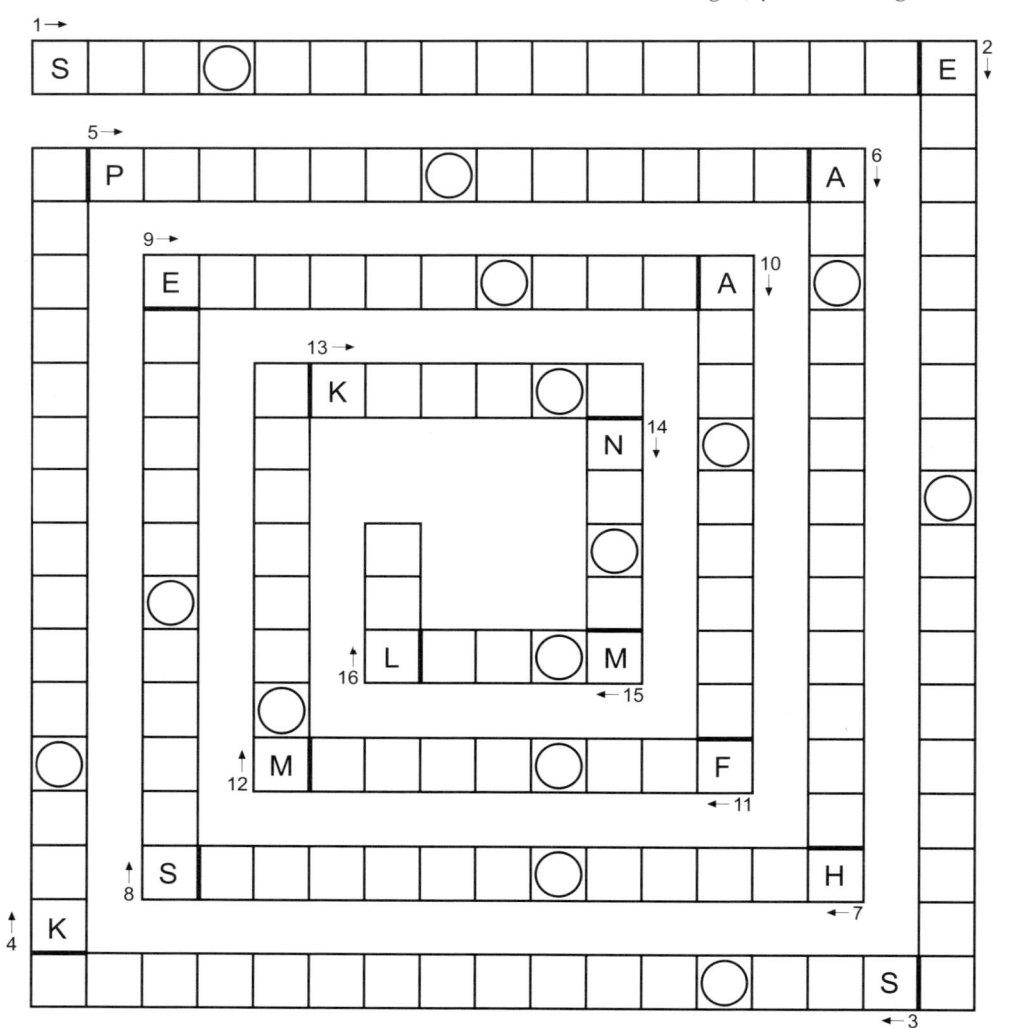

Hast du alles gewusst ? – Vielleicht, weil du das **Lösungswort** bereits vierfach besitzt ?!?! Es lautet:

1 10 15 11 7 12 5 9 14 4 2 13 6 8 3

Lehrerseite | **19**

Lösung zu Rätsel 19:

1. Schwerhoerigkeit, 2. Elektrokardiogramm, 3. Sauerstoffmangel, 4. Kurzsichtigkeit, 5. Passivimpfung, 6. Achillessehne, 7. Heuschnupfen, 8. Sonnenbrand, 9. Erkaeltung, 10. Adrenalin, 11. Fusspilz, 12. Meniskus, 13. Karies, 14. Nase, 15. Milz, 16. Lid

Lösungswort: WEISHEITSZAEHNE

Klassenstufe:	7. - 9.
Schwierigkeitsgrad:	*
Benötigte Zeit:	10 Minuten

Weitere Hinweise:

In diesem Rätsel sind Gesichtspunkte der **Anatomie** und **Physiologie** mit **medizinischen Fragen** verknüpft. Die erfragten Begriffe bzw. deren Umschreibungen entsprechen weitgehend dem **Erfahrungshorizont 13- bis 15-jähriger Schüler**; die vorgegebenen Anfangsbuchstaben der Antworten erleichtern das Lösen des Rätsels erheblich. Bei den Antworten zu Nr. 3 (Sauerstoffmangel) und Nr. 10 (Adrenalin) muss der Lehrer helfen, wenn dazu die unterrichtlichen Voraussetzungen noch nicht gegeben sind; die aus nur vier Buchstaben bestehende Antwort zu Nr. 15 (Milz) können die Schüler bereits selbst leicht finden, indem sie sie mit Hilfe des Anfangsbuchstabens M und des sich aus dem Lösungswort ergebenden eingekreisten Buchstabens I erraten.

Das Herstellen des Rätsels erfolgte vorrangig mit dem Ziel, Unterrichtsmaterial zur Menschenkunde für **letzte Stunden vor Ferienbeginn** oder **Vertretungsstunden in fremden Klassen** anzubieten; deshalb wurden die Begriffsumschreibungen auch etwas leger formuliert. Dennoch lassen sich nicht nur bei Anlässen wie den eben genannten, sondern auch im **regulären Biologieunterricht** anhand des Rätsels unterschiedliche Akzente setzen, die man dann biologisch untermauert:

- So können beispielsweise einige nützliche Hinweise auf ein **gesundheitsbewusstes Verhalten** gegeben werden, wozu sich die Fragen Nr. 1 (Schwerhörigkeit), Nr. 8 (Sonnenbrand), Nr. 11 (Fußpilz) und Nr. 13 (Karies) eignen.
- Auch die Fragen / Begriffe, die man **sportlichen Betätigungen** bzw. **typischen Sportverletzungen** zurechnen kann, dürften für die Schüler von Interesse sein: Wohl jeder Schüler hatte schon Muskelkater (Nr. 3) und Seitenstechen (Nr. 15); und Verletzungen von Achillessehne (Nr. 6) und Meniskus (Nr. 12) sind auf dem Fußballplatz oder beim Skilaufen leider nicht selten.
- Was den Schülern zu anderen Fragen bekannt ist, lässt sich im **Unterrichtsgespräch** zusammenstellen – es kann je nach Interessenlage der Schüler an beliebiger Stelle und nahezu beliebig intensiv durch **biologisches Hintergrundwissen** ergänzt werden.

So kann eine Schulstunde, in der vielleicht gar nichts „Richtiges" mehr durchgenommen, d. h. kein neuer Unterrichtsstoff mehr erarbeitet werden sollte, durchaus eine inhaltsreiche Biologiestunde werden.

Blut und Blutkreislauf
– ein Rätselalphabet –

Ergänze die folgenden Sätze zu sinnvollen Aussagen, und trage die gefundenen Begriffe in die dafür vorgesehenen Felder ein (Ä = AE, Ü = UE)! Das **Lösungswort** erhältst du, wenn du die nummerierten Buchstaben wie angegeben aneinander reihst. Es handelt sich um **eine internationale Einrichtung im medizinischen Bereich**.

Körperfremde Strukturen, die eine Immunreaktion auslösen, werden [A] genannt.

Die [B] ist eine Untersuchungsmethode, die zeigt, ob das Mengenverhältnis bestimmter Blutbestandteile vom Standardwert abweicht.

Die Erbanlagen bestimmen, ob bei fettreicher Nahrung zu viel [C] in den Adern abgelagert wird.

Bei Nierenversagen muss das Blut durch eine [D] gereinigt werden.

Unter einer [E] versteht man das oft gefährliche Verstopfen eines Blutgefäßes.

Die [F] stellen die erste Abwehrstufe gegen eingedrungene Bakterien dar.

Nach der Bildung von [G] sind wir gegen eine einmal überstandene Krankheit immun.

Die [H] übermitteln Informationen bei der Abwehr von Krankheitserregern.

Der Begriff [I] ist gleichbedeutend mit dem Begriff Antikörper, bezieht sich aber mehr auf die Form der Moleküle.

In der Maßeinheit [J] misst man den Energieinhalt von Nahrungsmitteln.

Das [K] ist ein Faktorensystem, das Bakterien durchlöchern kann.

Die gelbliche Flüssigkeit außerhalb der Adern heißt [L].

Die Erreger der [M], einer weltweit sehr verbreiteten Krankheit, schützen sich durch häufiges Ändern ihrer Oberfläche gegen Angriffe des Immunsystems.

Abfallstoffe werden durch die [N] aus dem Blut entfernt.

Auch das Blut ist ein [O].

Wenn die [P] einige Tage nach Infektionsbeginn ihre volle Arbeitsfähigkeit besitzen, haben Krankheitserreger meist keine Chance mehr.

[Q] sind kleine Erhebungen der Haut, die sich z. B. nach einem Insektenstich bilden können.

Der [R] ist ein Merkmal auf den roten Blutkörperchen, das etwa 85% der Mitteleuropäer besitzen.

Aus den [S] entwickeln sich alle zelligen Bestandteile des Blutes.

Der [T] ist ein Organ hinter dem Brustbein; in ihm reifen weiße Blutkörperchen zu T-Zellen.

Viele Menschen reagieren aufgrund einer [U] allergisch auf den Kontakt mit bestimmten Stoffen.

Ein [V] ist kein Lebewesen, sondern vermehrt sich nur mit Hilfe des „geborgten Lebens" einer Zelle.

Der Kreislauf hat wichtige Aufgaben bei der [W] unseres Körpers.

Die [Z] ist in sich flüssig und besteht aus einer Phospholipid-Doppelschicht mit eingelagerten Proteinmolekülen.

Schülerseite **20**

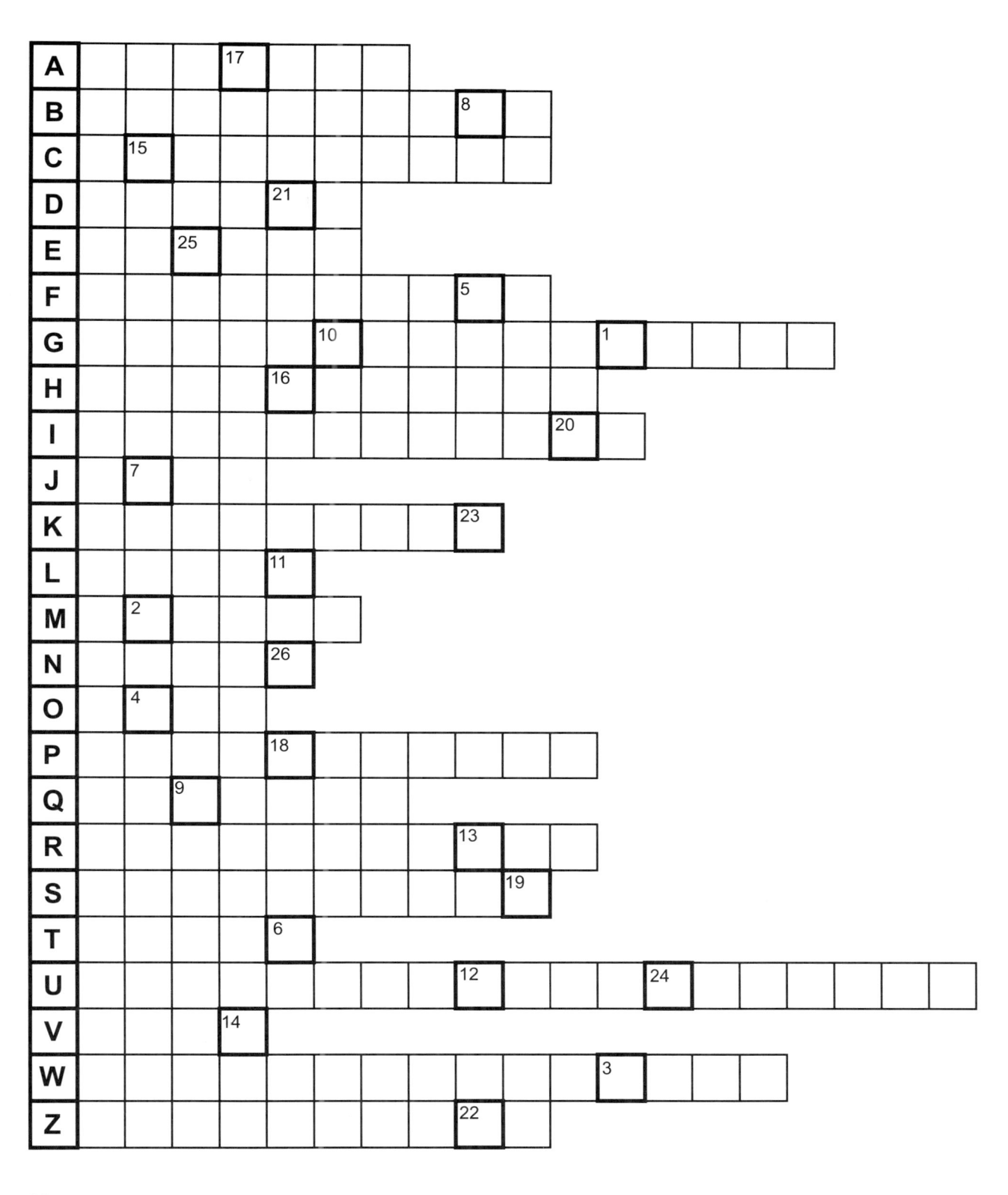

Lösungswort:

W																										
	1	2	3	4	5	6	7	8	9	10	11	12	13	14	15	16	17	18	19	20	21	22	23	24	25	26

Aus: Rätsel im Biologieunterricht, Aulis Verlag Deubner & Co KG, Köln, 1999

20 | Lehrerseite

Lösung zu Rätsel 20:

Antigene, **B**lutsenkung, **C**holesterin, **D**ialyse, **E**mbolie, **F**resszellen, **G**edaechtniszellen, **H**elferzellen, **I**mmunglobulin, **J**oule, **K**omplement, **L**ymphe, **M**alaria, **N**ieren, **O**rgan, **P**lasmazellen, **Q**uaddeln, **R**hesusfaktor, **S**tammzellen, **T**hymus, **U**eberempfindlichkeit, **V**irus, **W**aermeregulation, **Z**ellmembran

Lösungswort: WELTGESUNDHEITSORGANISATION

Klassenstufe:	9. - 10.
Schwierigkeitsgrad:	**
Benötigte Zeit:	15 Minuten

Weitere Hinweise:

Voraussetzung für das erfolgreiche Lösen des Rätsels sind Kenntnisse über die **Bestandteile des Blutes** und **ihre Aufgaben**, insbesondere müssen Grundkenntnisse zur **Immunologie** vorhanden sein; einige der zu vervollständigenden Aussagen beziehen sich auch auf den **Blutkreislauf** und auf **Stoffwechselvorgänge**. Das Rätsel eignet sich für eine Wiederholung des **Themenkomplexes „Blut"**, eine schriftliche Lernkontrolle kann mit dem Rätsel vorbereitet werden. Zu Vertretungsstunden in fremden Klassen sollte man es nur verwenden, wenn man sich vorher über den Leistungsstand der betreffenden Klasse informieren konnte.

Ist das Rätsel als **Abschluss** der Unterrichtsreihe gedacht, kann man noch einige **Bemerkungen zum Lösungswort** anschließen. Für eine **besonders ausführliche Wiederholung** wird hingegen eine der **folgenden Ergänzungen** vorgeschlagen.

I. Man knüpft an die Antworten zu F, G, H, P, und S an und entwickelt mit den Schülern eine Übersicht über die **Zusammensetzung** des Blutes oder über die **Bildung seiner zelligen Bestandteile**, in der sich dann auch die im Rätsel gesuchten Zelltypen und weitere den Schülern bekannte Komponenten wiederfinden; das folgende **Tafelbild** gehört zu dem zuletzt genannten Vorschlag und ergänzt, bis es fertig zusammengestellt ist, die Beschäftigung mit dem Rätsel zu einer vollen Unterrichtsstunde – die Zahlenangaben (nach *Schmidt/Thews*: Physiologie des Menschen, Springer-Verlag Berlin - Heidelberg, 1993) kann man evtl. weglassen.

Die Bildung der zelligen Blutbestandteile

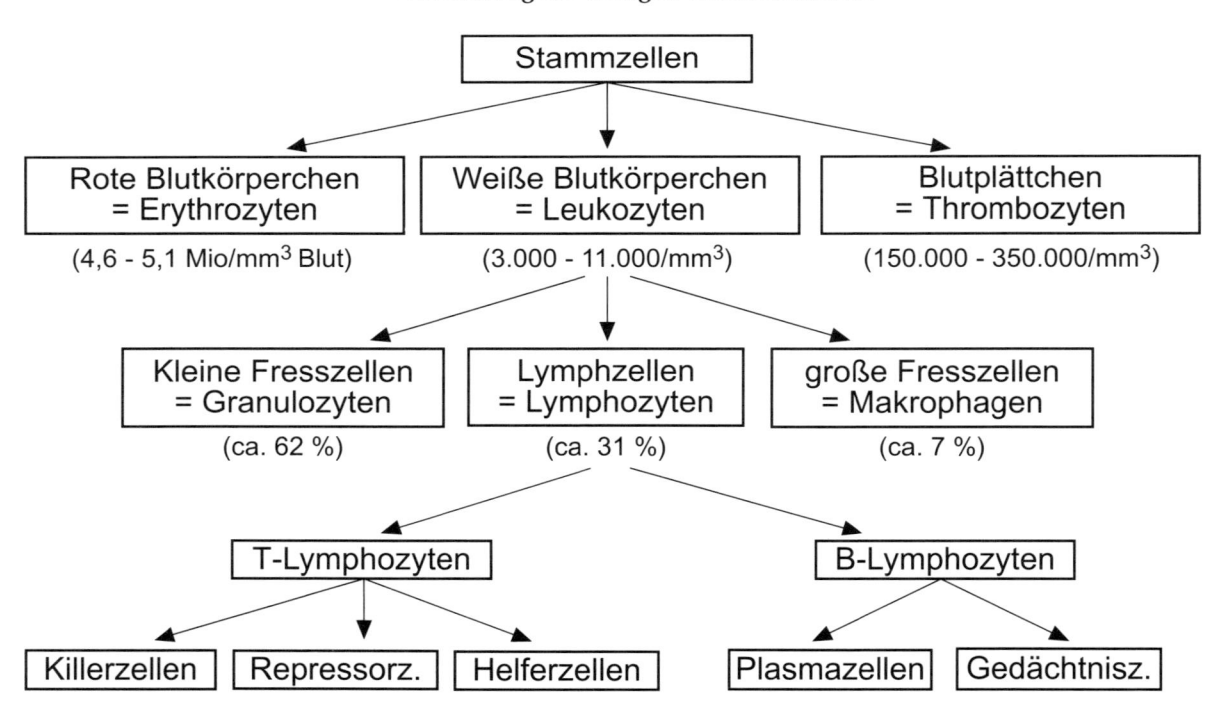

```
                        Stammzellen
            ┌───────────────┼───────────────┐
            ▼               ▼               ▼
    Rote Blutkörperchen  Weiße Blutkörperchen   Blutplättchen
      = Erythrozyten       = Leukozyten       = Thrombozyten
   (4,6 - 5,1 Mio/mm³ Blut)  (3.000 - 11.000/mm³)  (150.000 - 350.000/mm³)
                    ┌───────────┼───────────┐
                    ▼           ▼           ▼
            Kleine Fresszellen  Lymphzellen  große Fresszellen
             = Granulozyten    = Lymphozyten   = Makrophagen
                (ca. 62 %)      (ca. 31 %)      (ca. 7 %)
                        ┌───────────┴───────────┐
                        ▼                       ▼
                 T-Lymphozyten             B-Lymphozyten
              ┌──────┼──────┐              ┌──────┐
              ▼      ▼      ▼              ▼      ▼
        Killerzellen Repressorz. Helferzellen  Plasmazellen Gedächtnisz.
```

Lehrerseite **20**

II. Wenn man für die Wiederholung eine weitere Stunde zumindest teilweise dazunehmen möchte, kann man statt des Vorschlags I auch ein **weiteres Rätsel vergleichbarer Art** von den Schülern anfertigen lassen, indem man den umgekehrten Weg wie im ersten Rätsel geht: Man gibt zum Thema passende Begriffe vor (vor allem die nicht im Rätsel vorkommen, den Schülern aber bekannten Zelltypen) oder – etwas schwieriger – man lässt die Schüler selbst zunächst geeignete Wörter zusammenstellen, zu denen sie dann aussagekräftige Sätze oder treffende Umschreibungen oder zielgenaue Fragen formulieren müssen. Dieses Vorgehen setzt das Beherrschen des betreffenden Fachwissens voraus und eignet sich gut zum Üben einer exakten Ausdrucksweise; das eigene Anfertigen eines Rätsels wirkt zudem meist recht motivierend auf die Schüler. (Die Buchstabenzahlen der ausgesuchten Wörter kann man als Ziffern hinter den Umschreibungen angeben, wenn man das neue Rätsel in einer anderen Klasse einsetzen will.)

Im Folgenden sind mögliche **Begriffe für ein zweites „ABC des Blutes"** zusammengestellt.

- A : Antikörper, Allergie, Arterie, Aorta
- B : Blutplättchen, Blutgruppen, Blutplasma, Blutserum
- C : Chromosomen
- D : Diastole, Diabetiker
- E : Erythrozyten, Elektrokardiogramm, Enzym
- F : Fibrinogen, Fibrin, Fieber
- G : Gerinnung, Gasaustausch
- H : Hämoglobin, Heuschnupfen, Herzkranzgefäße, Herzklappen, Heilimpfung
- I : Immunität, Interferon, Insulin
- J : Joule (mit anderem „Satz"), Jod (allgemeinsprachliche Schreibung)
- K : Killerzellen, Knochenmark, Kapillaren
- L : Leukozyten, Lymphozyten, Lymphgefäße, Lungenbläschen
- M : Makrophagen, Myoglobin
- N : Nährstofftransport, Nikotin
- O : Osmose, Oxyhämoglobin
- P : Passivimpfung, Primärharn
- Q : Quecksilber, Quetschung
- R : Repressorzellen, Riesenzellen, rote Blutkörperchen, Regelkreis
- S : Sauerstofftransport, Schutzimpfung, Systole, Schlagader
- T : Thrombose, Thrombin
- U : Urin, Unterdruck
- V : Vene, Vorhof (rechter / linker)
- W : Wundverschluss, weiße Blutkörperchen
- Z : Zellkern, Zellteilung, Zuckerkrankheit

Schülerseite

Begriffe aus der Menschenkunde
– ein Kreuzworträtsel –

Trage zunächst die gesuchten Begriffe ein (Ä = AE, Ö = OE, Ü = UE, ß = SS)!
Das **Lösungswort** erhältst du, wenn du die eingekreisten Buchstaben in richtiger Reihenfolge aneinander reihst; es handelt sich um **eine Gruppe wichtiger Botenstoffe** in unserem Körper.

Waagrecht:
1. Name der vorderen Zähne
6. Darmbakterien
8. vorderer, durchsichtiger Teil des Augapfels
13. die Verbindungsleitungen zwischen Sinnesorganen und Gehirn einerseits sowie zwischen Gehirn und Muskeln oder Drüsen andererseits
15. sie befindet sich zwischen Rachen und Bronchien
17. die kleinsten lebenden Bausteine
20. Teil des Beins
21. Sinnesorgan (Plural)
22. wenn sie sich zusammenzieht, gibt es Seitenstechen
24. die „Motoren" des Körpers
27. Haut, die den Augapfel bedecken kann und ihn reinigt
30. Atmungsorgan der Landwirbeltiere
31. Fachausdruck für Erbanlage
33. Sinnesorgan
35. Fähigkeit, bestimmte Reize der Umwelt wahrzunehmen
36. Geschmacksrichtung, die vor allem mit den Sinneszellen in den seitlichen Bereichen der Zunge wahrgenommen wird
38. sie beginnen am Ende der Luftröhre
39. allgemeiner Ausdruck für einen Körperbestandteil mit einer bestimmten Funktion
40. sie erzeugt die Gallenflüssigkeit und speichert auch Vitamin D
41. einer der kleinsten Knochen des Menschen, im Mittelohr gelegen
42. hiermit denken wir
43. er hat Verbindungen zu Nase, Mund, Speiseröhre und Luftröhre
44. so wird man, wenn es in der Disko zu oft zu laut ist
45. Abwehrstoffe unseres Körpers

Senkrecht:
1. Knochen am oberen Ende des Arms
2. Teil des Fußes
3. wichtiger Nahrungsmittelbestandteil, z. B. in Fleisch und in Käse
4. einer der beiden Unterarmknochen
5. Stoff, der bei Aufregung (Stress) eine besondere Rolle spielt
7. Erscheinung, dass wir ein helles Bild kurzfristig noch sehen, wenn es schon verschwunden ist
9. Nervenschaltung, die eine kurzfristige Bewegung ohne Denken (eine sogenannte unwillkürliche Bewegung) ermöglicht
10. sie enthält die lichtempfindlichen Sehzellen
11. er darf nie ruhen
12. bei Kindern beliebte Geschmacksrichtung, die vor allem an der Zungenspitze wahrgenommen wird
14. Adern, in denen das Blut zum Herzen fließt
16. Zähne, die auf Nr. 1 waagrecht folgen; sie sind bei den meisten Menschen zugespitzt
18. Abkürzung für Elektrokardiogramm, eine Untersuchungsmethode für die Tätigkeit des Herzens
19. der Strecker des Arms
22. hier wird Eiweiß verdaut
23. Krankheitserreger, die so klein sind, dass man sie mit dem normalen Mikroskop nicht sehen kann
25. Teil des Gehirns, beim Menschen nicht sehr groß
26. es enthält die Hörschnecke und die Bogengänge
28. wichtiges Organ von ca. 6 m Länge, das zur Verdauung und zur Nährstoffaufnahme dient
29. eine weitere Geschmacksrichtung; sie wird durch einen lebenswichtigen Stoff hervorgerufen
30. ein in seiner Form veränderbarer Teil des Auges, der zur Bildentstehung wichtig ist
32. die Verbindung zwischen Muskel und Knochen
34. ein Teil unseres Körpers, den wir zum Sprechen und zum Herunterschlucken unserer Nahrung unbedingt benötigen
37. Teil des Körpers, den man meistens in drei große Abschnitte einteilt; er enthält 29 Knochen
38. Körperflüssigkeit (ein Organ, das vor allem Transportaufgaben hat)

Schülerseite 21

Die Buchstaben sind: ____ ____ ____ ____ ____ ____ ____

Das Lösungswort lautet: ____ ____ ____ ____ ____ ____

21 | Lehrerseite

Lösung zu Rätsel 21:

Waagrecht: 1. Schneidezaehne, 6. Colibakterien, 8. Hornhaut, 13. Nerven, 15. Luftroehre, 17. Zellen, 20. Knie, 21. Augen, 22. Milz, 24. Muskeln, 27. Lid, 30. Lunge, 31. Gen, 33. Ohr, 35. Sinn, 36. sauer, 38. Bronchien, 39. Organ, 40. Leber, 41. Hammer, 42. Gehirn, 43. Rachen, 44. taub, 45. Antikoerper

Senkrecht: 1. Schulterblatt, 2. Zeh, 3. Eiweiss, 4. Elle, 5. Adrenalin, 7. Nachbild, 9. Reflex, 10. Netzhaut, 11. Herzmuskel, 12. suess, 14. Venen, 16. Eckzaehne, 18. EKG, 19. Trizeps, 22. Magen, 23. Viren, 25. Kleinhirn, 26. Innenohr, 28. Darm, 29. salzig, 30. Linse, 32. Sehne, 34. Zunge, 37. Arm, 38. Blut

Die Buchstaben sind (in waagrechter Reihenfolge): O-R-E-N-H-O-M

Das Lösungswort lautet: HORMONE

Klassenstufe:	7. - 10.
Schwierigkeitsgrad:	** bis ***
Benötigte Zeit:	30 - 35 Minuten

Weitere Hinweise:

Da sich die 49 gesuchten Begriffe auf **alle Teilgebiete der Menschenkunde** beziehen, ist das Rätsel erst gegen Ende des Schuljahres geeignet, in dem die Menschenkunde auf dem Lehrplan steht. Die Schüler müssen das gesamte im Unterricht erarbeitete Wissen zur Menschenkunde präsent haben, um gut beim Lösen voranzukommen. Mit dem Rätsel kann man die Menschenkunde abschließen.

Wegen seines **erheblichen Umfanges – inhaltlich** wie auch von der **Anzahl der Fragen** her – ist das Rätsel als sehr anspruchsvoll einzustufen, obwohl die Fragen, wenn man sie einzeln betrachtet, nicht besonders schwierig sind. Das Arbeiten in kleinen Gruppen von zwei bis drei Schülern an jeweils einem Rätselvordruck ist sicherlich hilfreich und wird empfohlen.

Nur in seltenen Fällen wird der noch verbleibende Rest der Unterrichtsstunde ausreichen, um **auf das Lösungswort etwas näher einzugehen**, als es vielleicht im bisherigen Unterricht geschehen konnte. Wird das Rätsel zur **letzten Stunde vor Ferienbeginn** „mitgebracht", erübrigen sich weitere Ergänzungen ohnehin.

Bei taktisch geschicktem Vorgehen können die Schüler das aus nur sieben Buchstaben bestehende **Lösungswort relativ früh finden**. Wegen des Wiederholungseffekts, der mit dem Bearbeiten des Rätsels angestrebt wird, sollte man es aber auf jeden Fall vollständig lösen lassen.

Menschenkunde und Allgemeine Biologie
– ein Kammrätsel –

Trage senkrecht die gesuchten Begriffe ein (Ä = AE, Ö = OE, Ü = UE)! Als Lösungswort erhältst du dann waagrecht den Namen eines **biologisch sehr bedeutsamen Makromoleküls**.

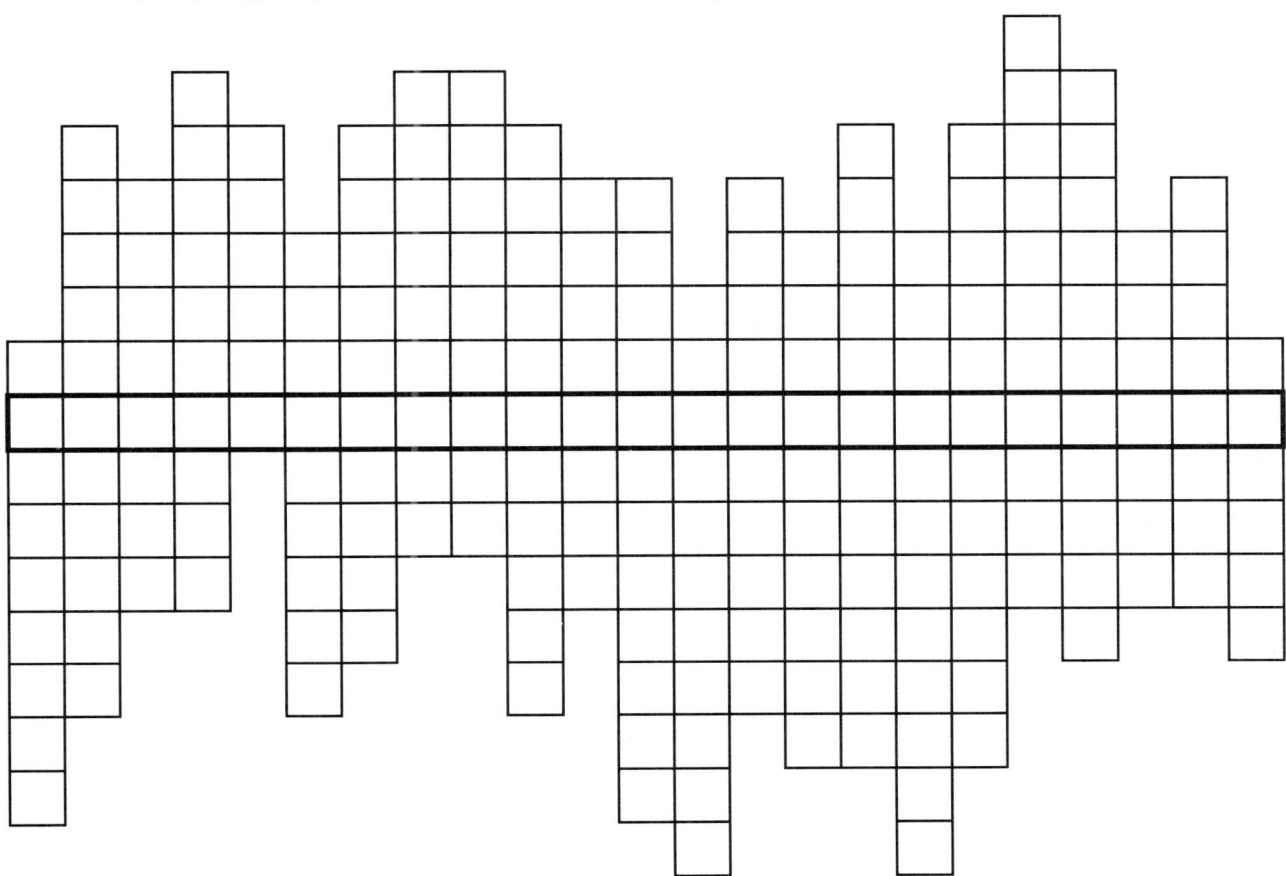

1. ein Hormon der Nebenniere; das erste Hormon, das künstlich hergestellt wurde (1908)
2. Teil des Zentralnervensystems
3. Fachausdruck für verdeckte Erbeigenschaften
4. ein Bestandteil des Blutgerinnungssystems
5. Sicherheitsschaltung des Nervensystems
6. sie liegt vor, wenn ein Erbmerkmal durch mehrere Gene bestimmt wird
7. ein sehr wichtiges Charakteristikum des menschlichen Blutes
8. manche dieser Lebewesen können Krankheiten hervorrufen
9. roter Farbstoff der Muskelzellen
10. eine Gruppe weißer Blutkörperchen (ca. 36 % der weißen Blutkörperchen)
11. Fachausdruck für vorherrschende Erbeigenschaften
12. ein weiteres Charakteristikum des Blutes (man hat es oder man hat es nicht)
13. eine andere Gruppe weißer Blutkörperchen (4 bis 10 % der weißen Blutkörperchen)
14. Erklärungsschema für die Konstanthaltung vieler Körperzustände
15. natürliches Abwehrmittel des menschlichen Körpers gegen Viren
16. allgemeine Bezeichnung für einen von Mikroorganismen gebildeten Stoff, der antibakteriell wirkt; bekanntestes Beispiel ist Penicillin
17. acht dieser Substanzen sind für den Menschen essentiell
18. sie vermitteln unseren Kontakt mit der Außenwelt
19. Hauptbestandteil des Zellinneren
20. sie schützen uns vor vielen Krankheiten
21. Hormon des Inselorgans; das erste Protein, dessen Struktur aufgeklärt wurde (1951)
22. Überempfindlichkeit gegen bestimmte Stoffe
23. eine Art der Zellteilung

22 | Lehrerseite

Lösung zu Rätsel 22:

1. A**d**renalin, 2. Ru**e**ckenmark, 3. rez**s**siv, 4. Fibrin**o**gen, 5. Refle**x**, 6. Pol**y**genie, 7. Blutg**r**uppe, 8. Bakte**ri**en, 9. Myogl**o**bin, 10. Lymph**o**zyten, 11. domi**n**ant, 12. Rhes**u**sfaktor, 13. Ma**k**rophagen, 14. Rege**l**kreis, 15. Int**e**rferon, 16. Ant**i**biotikum, 17. Ami**n**osaeuren, 18. Sinne**s**zellen, 19. Protopl**a**sma, 20. Antik**o**erper, 21. Ins**u**lin, 22. Alle**r**gie, 23. M**e**iose

Lösungswort: DESOXYRIBONUKLEINSAEURE

Klassenstufe:	10.
Schwierigkeitsgrad:	**
Benötigte Zeit:	10 - 15 Minuten

Weitere Hinweise:

Wie es für Rätsel mit **Übersichtscharakter** typisch ist, eignet sich das Rätsel besonders zum sinnvollen Nutzen letzter Stunden vor Ferienbeginn, auch zu Vertretungsstunden, wenn man davon ausgehen kann, dass der Unterricht hinreichend weit fortgeschritten ist.

Fragen zur Zusammensetzung des **menschlichen Blutes** (Nr. 4, 7, 10, 12, 13) und zur **Immunologie** (Nr. 8, 15, 20, 22) stehen deutlich im Vordergrund, ohne dass jedoch auf Einzelheiten näher eingegangen wird; Fragen aus anderen Teilbereichen der Biologie, besonders der **Genetik** (Nr. 3, 6, 11, 23) und zu **Kenntnissen allgemeiner Art** (Nr. 14, 16, 19), auch Fragen mit **historischem Hintergrund** (Nr. 1, 21) kommen hinzu.

Das **Lösungswort** bietet sich gerade auch in Stunden wie den oben genannten für **ergänzende Bemerkungen besonderer Art** an. Dass die Schüler in Klasse 10 das Lösungswort dem Namen nach bereits kennen, ist anzunehmen; wie weit der Name ihnen auch inhaltlich etwas sagt, hängt vom Stand der Klasse und dem Biologiebuch, nach dem unterrichtet wird, vor allem natürlich vom Stoffverteilungsplan des Bundeslandes ab.

Verhältnismäßig unabhängig davon, wie genau die Schüler schon über die materielle Basis der Erbanlagen Bescheid wissen, kommt für ein anschließendes Unterrichtsgespräch als lohnender Aspekt **die Problematik der Patentierbarkeit von DNS-Stücken**, die Gene darstellen und die als Chemikalien betrachtet werden können, in Frage. – Die Problematik gibt Denkanstöße in mancherlei Richtung – und für das, was „über den Tellerrand" eines Unterrichtsfaches hinausgeht, interessieren sich die Schüler ja in aller Regel sehr.

Anmerkung: In den Schulbüchern wird das Lösungswort in der Mitte teils mit K, teils mit C geschrieben; im vorliegenden Rätsel ergibt sich ein K.

Schülerseite 23

Gen & Co.
– ein Kreuzworträtsel zur Vererbungslehre –

Wenn du die gesuchten Begriffe gefunden und eingetragen hast (Ä = AE) und dann die eingekreisten Buchstaben wie angegeben aneinander reihst, erhältst du das **Lösungswort**; es handelt sich um eine junge und zugleich stark praxisorientierte **Forschungsrichtung innerhalb der Bio-Wissenschaften**.

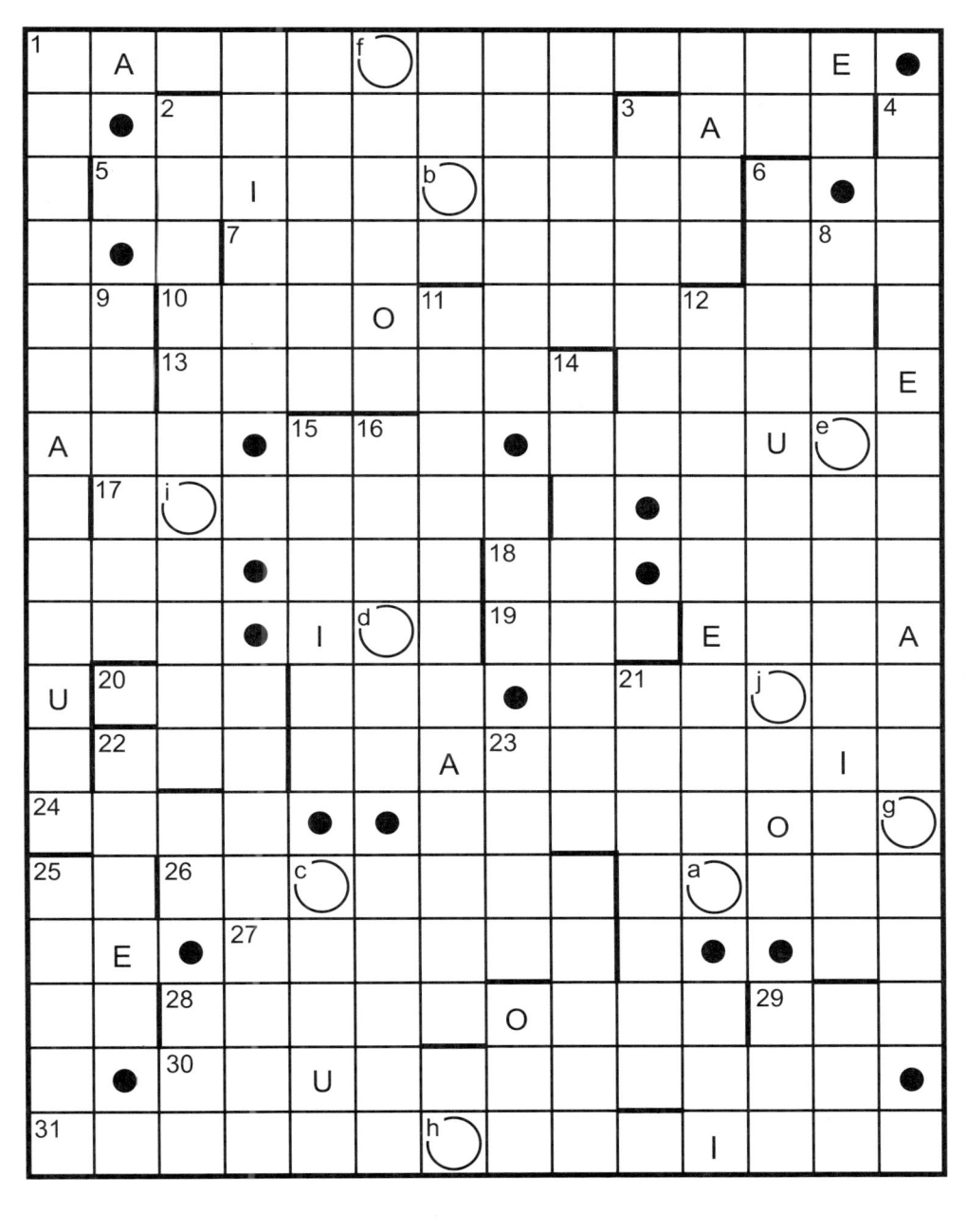

Lösungswort: ☐☐☐☐☐☐☐☐☐☐
            a b c d e f g h i j

Aus: Rätsel im Biologieunterricht, Aulis Verlag Deubner & Co KG, Köln, 1999

Schülerseite

Waagrecht:

1. vererbbare Störung des menschlichen Sehvermögens
2. Fachausdruck für Vererbungslehre
3. die erste genmanipulierte Pflanze, deren Anbau in der Europäischen Union zugelassen wurde (1996)
5. diese Zellen haben beim Menschen nur 23 Chromosomen
7. Bezeichnung für unterdrückte Merkmalsausbildungen
10. gut färbbare Bestandteile der Zellkerne, Träger der Erbanlagen
13. so nennt man Zellen mit einfachem Chromosomensatz
17. menschliche Körperzellen sind aufgrund ihres Chromosomenbestandes .....
18. Kurzform für weibliche Keimzelle
19. Stoff, in dem die Erbinformationen verschlüsselt sind (Abkürzung)
20. Ort auf einem Chromosom, der die Information für ein bestimmtes Merkmal enthält
22. alle Individuen einer ..... können sich unter natürlichen Bedingungen miteinander vermehren
24. Fachausdruck für die Gesamtheit aller durch ungeschlechtliche Vermehrung aus einem Individuum hervorgegangenen Lebewesen
26. wenn Zwillinge ..... sind, besitzen sie identische Erbanlagen
27. Art der Zellteilung, die beim Menschen rund 3 Millionen mal pro Sekunde stattfindet
28. Fachausdruck für Erscheinungsbild
29. Farbe, die Personen mit der am häufigsten vorkommenden Art von Nr. 1 waagrecht nicht von Grün unterscheiden können
30. erbliche Merkmale auf den roten Blutkörperchen
31. so nennt man vererbbare Erkrankungen

Senkrecht:

1. die Struktur bestimmter Chromosomenabschnitte stellt für jedes Individuum ein eindeutiges Erkennungsmerkmal dar, das deshalb auch als „genetischer ....." bezeichnet wird
2. sie haben dieselben Eltern
3. Art der Zellteilung, die zur Bildung von Keimzellen führt
4. eine Erbkrankheit, an der nahezu nur Männer leiden, deren Erbanlagen aber von Frauen weitergegeben werden können
6. wichtiges Kennzeichen unseres Blutes; etwa 85 % der Mitteleuropäer besitzen es
8. Art des Erbgangs bei der Kreuzung von rotblütiger mit weißblütiger Japanischer Wunderblume
9. Begründer der klassischen Vererbungslehre (1822 - 1884)
11. so nennt man eine bei gleichem Erbgut durch Umweltbedingungen hervorgerufene Veränderung im Erscheinungsbild von Lebewesen
12. Lebewesen sind ..... für ein bestimmtes Merkmal, wenn die beiden sich entsprechenden Gene unterschiedliche Informationen zur Ausprägung dieses Merkmals enthalten
14. Fachausdruck für sich durchsetzende Erbmerkmale
15. ihm fehlt die Hautpigmentierung; das Leiden vererbt sich rezessiv
16. Bezeichnung für genetisch gleiche Zuchtformen einer Pflanzenart
21. Fachausdruck für Erbbild
22. Informationsgehalt eines Gens
23. wichtigstes Getreide feuchter Tropenregionen; der erste sog. „Wunder....." mit besonders standfesten Pflanzen und deutlich erhöhtem Ernteertrag wurde 1965 gezüchtet
25. Pflanze, mit der erstmalig systematische Kreuzungsversuche durchgeführt wurden

Lehrerseite 23

Lösung zu Rätsel 23:

Waagrecht: 1. Farbschwaeche, 2. Genetik, 3. Mais, 5. Keimzellen, 7. rezessiv, 10. Chromosomen, 13. haploid, 17. diploid, 18. Ei, 19. DNS (oder DNA), 20. Gen, 22. Art, 24. Klon, 26. eineiig, 27. Mitose, 28. Phaenotyp, 29. rot, 30. Blutgruppen, 31. Erbkrankheiten

Senkrecht: 1. Fingerabdruck, 2. Geschwister, 3. Meiose, 4. Bluterkrankheit, 6. Rhesusfaktor, 8. intermediaer, 9. Mendel, 11. Modifikation, 12. mischerbig, 14. dominant, 15. Albino, 16. Sorten, 21. Genotyp, 22. Allel, 23. Reis, 25. Erbse

Lösungswort: GENTECHNIK

Klassenstufe:	8. - 10.
Schwierigkeitsgrad:	**
Benötigte Zeit:	15 Minuten

Weitere Hinweise:

Mit einer Ausnahme (Nr. 19 waagrecht) werden nur Fachausdrücke aus der **klassischen Genetik** gesucht. Die **Humangenetik** bildet mit 14 der insgesamt 35 Fragen einen **Schwerpunkt** des Rätsels. Da die Humangenetik im Rahmen der klassischen Vererbungslehre üblicherweise als letztes Kapitel unterrichtet wird, kann mit dem Rätsel **der gesamte Themenkomplex zusammengefasst und abgeschlossen** werden. Als aufgelockerte und deshalb sicherlich motivationsfördernde Form der Wiederholung eignet es sich sowohl zur Bearbeitung im Unterricht wie auch als Hausaufgabe. Bei der Bearbeitung dürften keine größeren Schwierigkeiten auftreten, zumal als Lösungshilfe einige Buchstaben bereits angegeben sind.

Für eine **ausführliche Wiederholung**, beispielsweise als Vorbereitung auf eine schriftliche Lernkontrolle, empfiehlt es sich, die Schüler alle im Rätsel vorkommenden Fachausdrücke zur Vererbungslehre heraussuchen und alphabetisch auflisten zu lassen; weitere Fachworte aus dem vorangegangenen Genetikunterricht werden (nur notfalls vom Lehrer) ergänzt, so dass eine Art **Glossar** entsteht. Sämtliche Begriffe werden dann von den Schülern in Form einer kurzen, präzisen und zugleich möglichst aussagekräftigen Formulierung definiert; einige Formulierungen können aus dem Rätsel übernommen werden, aber nicht alle eignen sich als Definition. Die vorgeschlagene Vorgehensweise bringt es mit sich, dass die Schüler sich **den gesamten Genetikunterricht inhaltlich nochmals vergegenwärtigen** müssen; außerdem können sie sich **im exakten Formulieren üben**, was ihnen ja oft nicht leicht fällt.

Im Folgenden sind Fachworte genannt, die zum Wortschatz der klassischen Genetik gehören und die je nach Ausführlichkeit des vorangegangenen Unterrichts in dem von den Schülern zu erstellenden Glossar enthalten sein können; nach den unter (1) genannten Begriffen wird im Rätsel gefragt, (2) enthält weitere in Frage kommende.

(1) Albino, Allel, Art, Bluterkrankheit, Chromosomen, diploid, dominant, Ei(zelle), eineiig, Erbkrankheiten, Farbschwäche, Gen, genetischer Fingerabdruck, Genotyp, Gentechnik, Geschwister, haploid, intermediär, Keimzellen, Klon, Meiose, mischerbig, Mitose, Modifikation, Phänotyp, rezessiv, Sorten;

(2) Autosomen, Befruchtung, Bestäubung, Chromatid, Chromosomensatz, Chromosomenzahl, crossing-over, Embryo, Erbanlage, Erbgang, Erbgut, Filialgeneration, Genmanipulation, Genom, Geschlechtschromosomen, Geschlechtszellen, heterozygot, homolog, homozygot, Hybride, Interphase, Kernspindel, Kreuzung, Merkmal, mutagen, Mutante, Mutation, Nachkommen, polyploid, Reifeteilung, reinerbig, Resistenz, Spaltungsregel, Spermazelle, Tochterzellen, Unabhängigkeitsregel, Uniformitätsregel, X-Chromosom, Y-Chromosom, Zellteilung, Zentromer, Züchtung.

Genetik
– ein Kreuzworträtsel für Fortgeschrittene –

Wenn man die 52 Fachausdrücke aus der Genetik gefunden hat und die eingekreisten Buchstaben wie angegeben sortiert, erhält man als Lösungswort einen Begriffe, der mit Gentechnik zu tun hat.

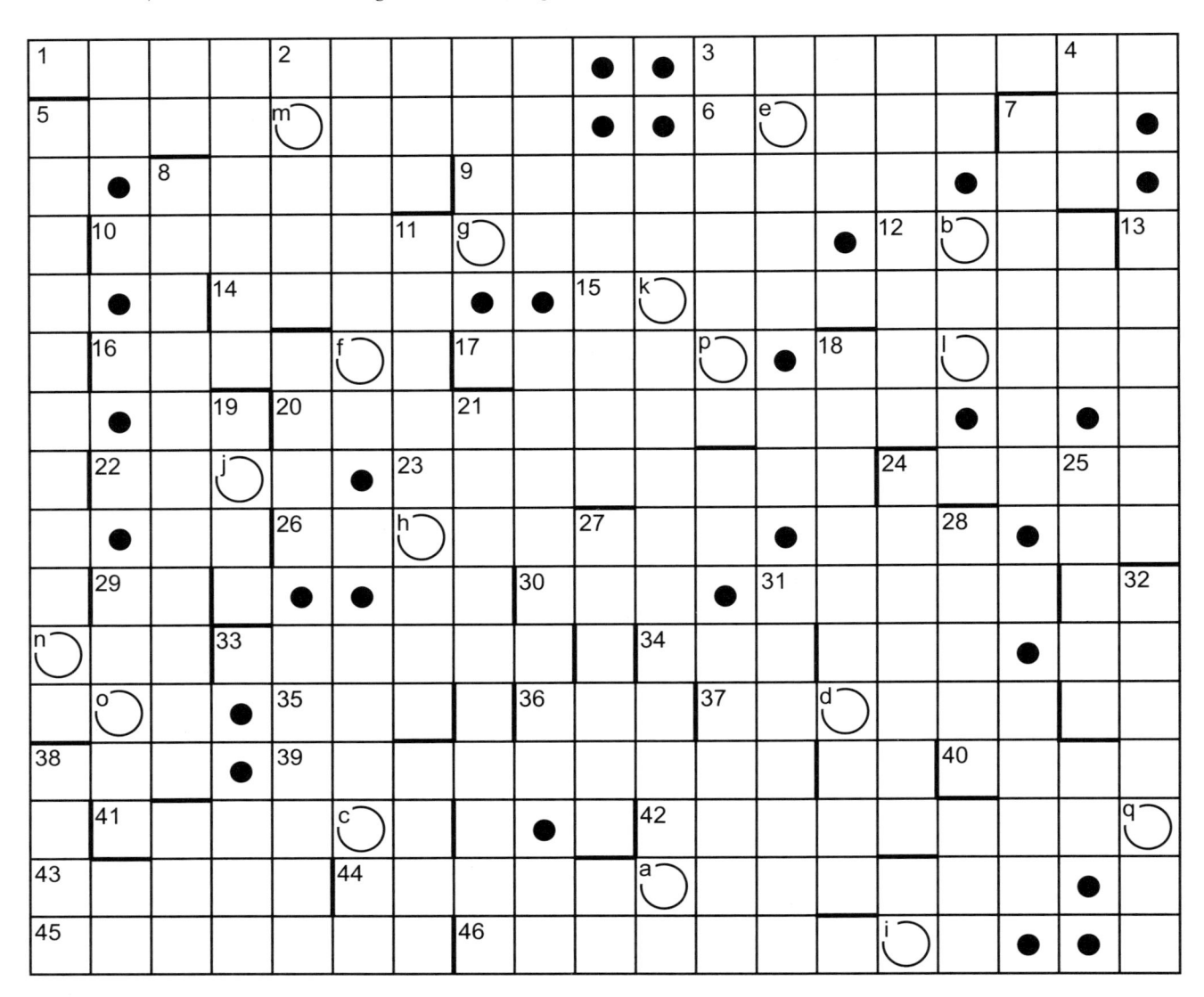

Lösungswort:

a	b	c	d	e	f	g	h	i	j	k	l	m	n	o	p	q

Waagrecht:
1. Stoff, der die Verdoppelung der Chromosomenzahl ermöglicht
3. dient zum Auffinden bestimmter Basensequenzen
5. große Gruppe der Prokaryonten
6. Untersuchungsobjekt von *Mendel*
8. männliche Keimzelle von Blütenpflanzen
9. so nennt man vorherrschende Allele
10. bei gleichem Erbgut durch verschiedene Umweltbedingungen hervorgerufene Variante
12. Getreide, das sehr intensiv und erfolgreich züchterisch bearbeitet wird
14. ein wirksamer Teil der DNS
15. Zustand der Zelle, in dem sich die Chromatiden verdoppeln
16. Fachausdruck für Mischling
17. klärte die Bedeutung der DNS auf
18. anderer Ausdruck für Unterarten, in der Pflanzen- und Tierzucht Begriff für genetisch identische Varietäten
20. erbliche Merkmale auf den roten Blutkörperchen
22. Gesamtheit aller durch ungeschlechtliche Vermehrung aus einem Lebewesen entstandenen Individuen
23. Vermehrung zweier genetisch verschiedener Lebewesen
24. Bakterienfresser (Singular)
26. Veränderung einer Erbanlage
29. weibliche Keimzelle
30. enthält Uracil
31. Information eines Streckenabschnitts der DNS
33. Zellteilungsart, die beim Menschen relativ selten geschieht
34. Energieüberträger
35. Streckenabschnitt der DNS
36. Gesamtheit aller Lebewesen, die zu einem Genpool gehören
37. Mitentdecker der Molekularstruktur der DNS (zusammen mit Nr. 43 waagrecht)
39. die Chromosomen, die an der Geschlechtsbestimmung nicht beteiligt sind
40. Getreide, besonders bekannt durch seine springenden Gene
41. Zellteilungsart, die beim Menschen etwa 3 Mio. mal pro Sekunde geschieht
42. gut färbbares Körperchen in der Zelle
43. Mitentdecker der Molekularstruktur der DNS (zusammen mit Nr. 37 waagrecht)
44. Lebewesen ohne Kernmembran (Plural)
45. Botenstoffe; manche können Gene schalten
46. Baustein der DNS

Senkrecht:
2. bekannte Struktur mancher Makromoleküle
3. Gegensatz von Phänotyp
4. bildet 20 % der Chromosomenmasse
5. Verschmelzung zweier Zellkerne
7. Überkreuzung von Chromosomen
8. typisches Merkmal vieler Nutzpflanzen
11. das Einschalten von Genen
13. Begründer der Genetik
18. das bekannteste Modell hierzu stammt von *Jacob* und *Monod*
19. Übertragungsschlüssel z. B. von Basentripletts zu Aminosäuren
21. bewegliche DNS
24. der Großproduzent von Proteinen
25. anderer Ausdruck für Keimzelle
27. DNS-Abschnitt ohne Bedeutung
28. Gesamtbestand der Chromosomen einer Zelle
29. aus Eiweiß bestehender Katalysator
32. Zusatzchromosom
38. Hauptbegründer der modernen Bakteriologie, entdeckte u. a. den Erreger der Tuberkulose

24 | Lehrerseite

Lösung zu Rätsel 24:

Waagrecht: 1. Colchicin, 3. Gensonde, 5. Bakterien, 6. Erbse, 8. Polle, 9. dominant, 10. Modifikation, 12. Reis, 14. Exon, 15. Interphase, 16. Hybrid, 17. Avery, 18. Rassen, 20. Blutgruppen, 22. Klon, 23. Kreuzung, 24. Phage, 26. Mutation, 29. Ei, 30. RNS, 31. Allel, 33. Meiose, 34. ATP, 35. Gen, 36. Art, 37. Watson, 39. Autosomen, 40. Mais, 41. Mitose, 42. Chromosom, 43. Crick, 44. Prokaryonten, 45. Hormone, 46. Nucleotid

Senkrecht: 2. Helix, 3. Genotyp, 4. DNS, 5. Befruchtung, 7. Chiasma, 8. Polyploidie, 11. Induktion, 13. Mendel, 18. Regulation, 19. Code, 21. Transposon, 24. Polysom, 25. Gamet, 27. Intron, 28. Genom, 29. Enzym, 32. Plasmid, 38. Koch

Lösungswort: RESTRIKTIONSENZYM

Klassenstufe:	Sekundarstufe II
Schwierigkeitsgrad:	***
Benötigte Zeit:	30 - 35 Minuten

Weitere Hinweise:

- Mit dem Rätsel lässt sich das Kursthema Genetik **abschließen**.
- Die erfragten Begriffe und Zusammenhänge sind in ihrer Gesamtheit speziell genug, um den Schülern auch als **Anhaltspunkte für die Vorbereitung auf eine Klausur** zu dienen. Dazu gibt man den Schülern das Rätsel zwei bis drei Stunden vorher zur Bearbeitung als Hausaufgabe mit.
- Man kann auch das **Lösungswort** zur Vorstellung des **Fingerprintings** heranziehen, eines noch sehr jungen Anwendungsgebietes von Restriktionsenzymen, das erst allmählich in die Schulbücher Eingang findet. Das Konzept geht gedanklich wie auch experimentell auf *Jeffrey* (1985) zurück. Zur Herstellung und Auswertung genetischer Fingerabdrücke werden im folgenden einige Angaben gemacht.

Obwohl ein genetischer Fingerabdruck **personenspezifisch** ist, ist er **persönlichkeitsneutral**. Er wird zwar aus genomischer DNS gewonnen, gibt aber keinerlei Auskunft über die genetischen Merkmale der untersuchten Person, denn dargestellt werden repetitive Sequenzabschnitte der Introns, in denen ja gerade keine genetischen Informationen codiert sind. Diese repetitiven Partien der Introns sind hypervariabel, sie sind für jedes Individuum charakteristisch und werden ererbt.

Zu den wichtigsten **Anwendungsbereichen des Fingerprintings** zählt daher die Klärung von Verwandtschaftsverhältnissen (z. B. Vaterschaftsnachweise). Weitere Anwendungsbereiche sind die Spurensicherung zur Verbrechensaufklärung (Täter / Nichttäter) und die Überprüfung des Erfolges durchgeführter Knochenmarkstransplantationen.

Die Herstellung eines genetischen Fingerabdrucks:

1. **Genomische DNS** wird isoliert und mit einem Restriktionsenzym in **Fragmente zerschnitten**. Die verwendeten Restriktionsendonukleasen liefern rund eine Million Fragmente unterschiedlichster Größen.
2. Die Restriktionsfragmente werden mittels **Gel-Elektrophorese nach ihren Größen getrennt** (sortiert). Es ergibt sich eine kontinuierliche Verteilung in Form eines verschmierten Bandes über die gesamte Gelbahn.
3. Anschließend wird das Elektrophorese-Gel mit Natronlauge behandelt, wodurch die Doppelstränge **in Einzelstränge geteilt** werden („Denaturieren", „Schmelzen").
4. Es folgt das **Übertragen** der DNS-Einzelstrangfragmente auf eine aus Nitrocellulose oder Nylon bestehende **Membran** nach einem von *Southern* (1975) entwickelten Verfahren, dem **Southern Blotting**; die übertragenen Fragmente werden sodann an die Membran fixiert.
5. Die fixierten Fragmente werden jetzt **mit spezifischen DNS-Sonden hybridisiert**; diese binden komplementär an die gesuchten Mikro- bzw. Minisatelliten der Fragmente. Nach erfolgter Hybridisierung wird **überschüssiges Sondenmaterial ausgewaschen**.

Die Sonden bestehen aus einfachen, sich mehrfach wiederholenden **repetitiven Sequenzen**; zunächst verwendete man als Sonden z. B. $(GATA)_4$ oder $(CAC)_5$, neuerdings kommen sog. Single-Locus-Sonden mit deutlich längeren repetitiven Abschnitten zum Einsatz. Außerdem wurden **radioaktiv markierte DNS-Sonden** seit Beginn der 90er Jahre aus verständlichen Gründen zunehmend durch anders erkennbare verdrängt.

Lehrerseite 24

Durchgesetzt haben sich **mit alkalischen Phosphatasen verknüpfte DNS-Sonden**; nach Auswaschen überschüssigen Sondenmaterials wird hier die Membran mit einem Sprühreagens behandelt; wo Hybridisierung erfolgte, tritt jetzt **Chemolumineszenz** auf infolge enzymatischer Spaltung des Reagenzes durch die Phosphatasen.

6. Die Membran mit den auf die eine oder andere Art gekennzeichneten Fragmenten lässt man mehrere Stunden lang auf einen **Röntgenfilm** einwirken; an den Stellen, an denen die DNS-Sonde gebunden hat, wird der Film **geschwärzt**. Die entstandene **Autoradiographie** bzw. das **Luminogramm** mit dem spezifischen Muster ist der genetische Fingerabdruck des Individuums. Die Bandenmuster umfassen üblicherweise einen Bereich von ca. 1 kb bis ca. 20 kb.

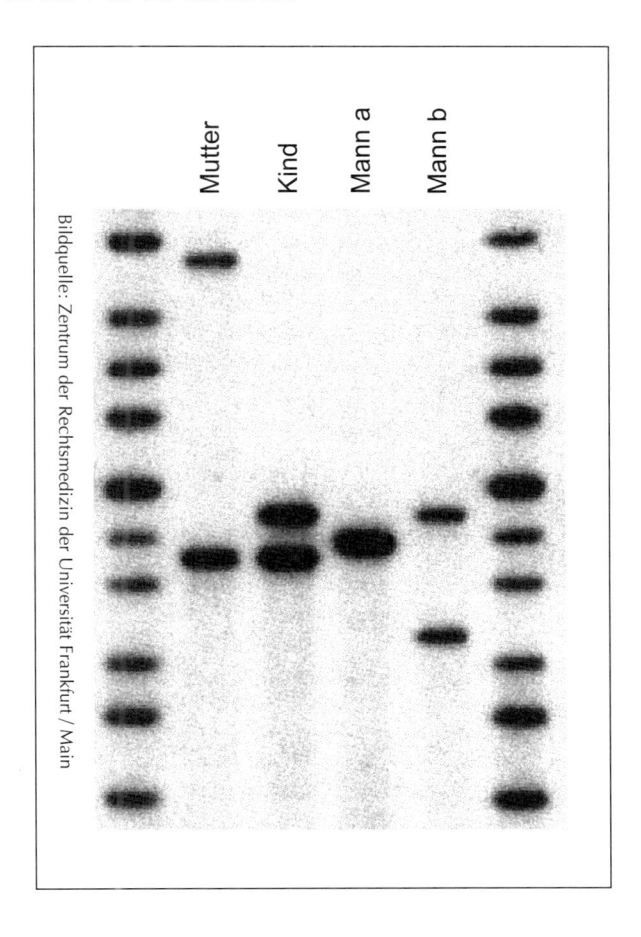

Zur Abbildung:

Es handelt sich um ein zum Zwecke eines Vaterschaftsnachweises erstelltes **Luminogramm**. Bei einem **Vaterschaftsnachweis** müssen alle Banden, die das Kind nicht von der Mutter ererbt hat, vom Vater stammen. Bei **mehreren Putativvätern** (Mann a, Mann b) gilt die Vaterschaft bei demjenigen Mann als erwiesen, bei dem die betreffenden Banden vorliegen, bei Nichtvorliegen scheidet sie aus. Das Luminogramm zeigt zweifelsfrei, dass **Mann b der leibliche Vater des Kindes** ist.

(Die unterschiedlichen Breiten der oberen Bande bei Kind und Mann b sind auf die jeweils aufgetragenen Mengen des untersuchten Materials zurückzuführen. Die äußeren Spuren des Luminogramms stammen von einem Größenmarker, der für statistische Erhebungen stets mitgeführt wird.)

Das abgebildete Luminogramm wurde der Autorin für die Herstellung des vorliegenden Unterrichtsmaterials freundlicherweise von Herrn **Dipl. Biol. *R. Zehner*, Zentrum der Rechtsmedizin der Johann-Wolfgang-Goethe-Universität Frankfurt a. M.**, zur Verfügung gestellt.

Schülerseite

Spurensuche
– eine Rätselspirale zur Stammesgeschichte des Menschen –

Tragen Sie die gesuchten Begriffe oder die in den Sätzen fehlenden Fachausdrücke, innen beginnend, in die Rätselspirale ein; beachten Sie dabei: Ä = AE, Ö = OE, Ü = UE, ß = SS. Wenn Sie dann die eingekreisten Buchstaben der Reihe nach lesen, erhalten Sie als Lösungswort die Fachbezeichnung für den Zeitraum, in dem vor 6 bis 2 Millionen Jahren aus tierischen Vorfahren die ersten Menschen entstanden.

1. Ordnung, zu der Halbaffen, Affen und Menschen zählen
2. Sammelbezeichnung für sehr verschiedenartige, auch unterschiedlich gut erhaltene Funde prähistorischen Lebens, von denen manche in Grenzen Auskunft geben können über unsere stammesgeschichtlichen Vorfahren
3. Aschereste in bestimmten geologischen Schichten legen die Vermutung nahe, dass der Mensch schon vor rund 1,5 Millionen Jahren das ... kannte und nutzte
4. eine Reihe angeborener Merkmale im ... des Menschen lässt sich durch stammesgeschichtliche Zusammenhänge erklären
5. ... und Bonobo sind unsere nächsten lebenden Verwandten
6. er hatte bereits ein menschenähnliches Gebiss und einen aufrechten Gang; wird als Vormensch bezeichnet
7. Affen haben einen Greiffuß, Menschen dagegen einen ...
8. sie ist beim Menschen über den Lendenwirbeln „abgeknickt", was Vorausssetzung für den aufrechten Gang ist
9. Name des bekanntesten Individuums der Gattung Australopithecus
10. die Gattung ... (= Homo) gibt es seit mindestens 3 Millionen Jahren, vielleicht auch schon wesentlich länger
11. ein typisches Werkzeug der Steinzeit, wurde durch Behauen z. B. von Feuerstein hergestellt
12. der Vormensch und der auf ihn folgende ... lebten nur im östlichen Afrika
13. abgerundete Zahnbögen und kleine Eckzähne kennzeichnen das menschliche ...
14. Fähigkeit, die als wesentlicher Schritt in der Entwicklung zum Menschen gilt
15. der ... und der Pekingmensch sind bedeutende Vertreter des bereits weit über Afrika hinaus verbreiteten Frühmenschen
16. eine fliehende Stirn, ein fliehendes Kinn und ein ... sind charakteristische Schädelmerkmale aller frühen Menschen
17. er gehört zur Art Homo sapiens, ist aber nicht unser Vorfahre; er bewohnte vor 120.000 bis vor 30.000 Jahren Europa und Asien
18. Linie, zu der wir gehören und die sich vor ca. 1 Million Jahren vom späteren Neandertaler trennte; ihre ältesten Funde in Europa sind 40.000 Jahre alt
19. jetzige Meeresstraße; bis vor rund 14.000 Jahren Festlandsebene, über die der heutige Mensch vor 25.000 bis 15.000 Jahren von Sibirien aus auf den amerikanischen Kontinent gelangte
20. Zeit, an die der Neandertaler mit seiner kräftigen, gedrungenen Gestalt hervorragend angepasst war
21. Name der für den Menschen typischen Handkonstruktion, die darin besteht, dass der Daumen jedem anderen Finger gegenübergestellt werden kann
22. bis vor rund 10.000 Jahren waren die Menschen ... und Jäger, danach wurden sie sesshaft, ernährten sich von Ackerbau und hielten Nutztiere
23. es nahm im Laufe der Entwicklung vom Vormenschen zum Jetztmenschen um das Dreifache auf jetzt 1400 bis 2000 ml zu
24. die ältesten bisher bekannten Kunstwerke der frühen Menschheit, wurden mit Erdfarben, Holzkohle und Pflanzensäften hergestellt; sie sind rund 15.000 Jahre alt und wurden in Südfrankreich (Lascaux) und Nordspanien (Altamira) entdeckt

Schülerseite 25

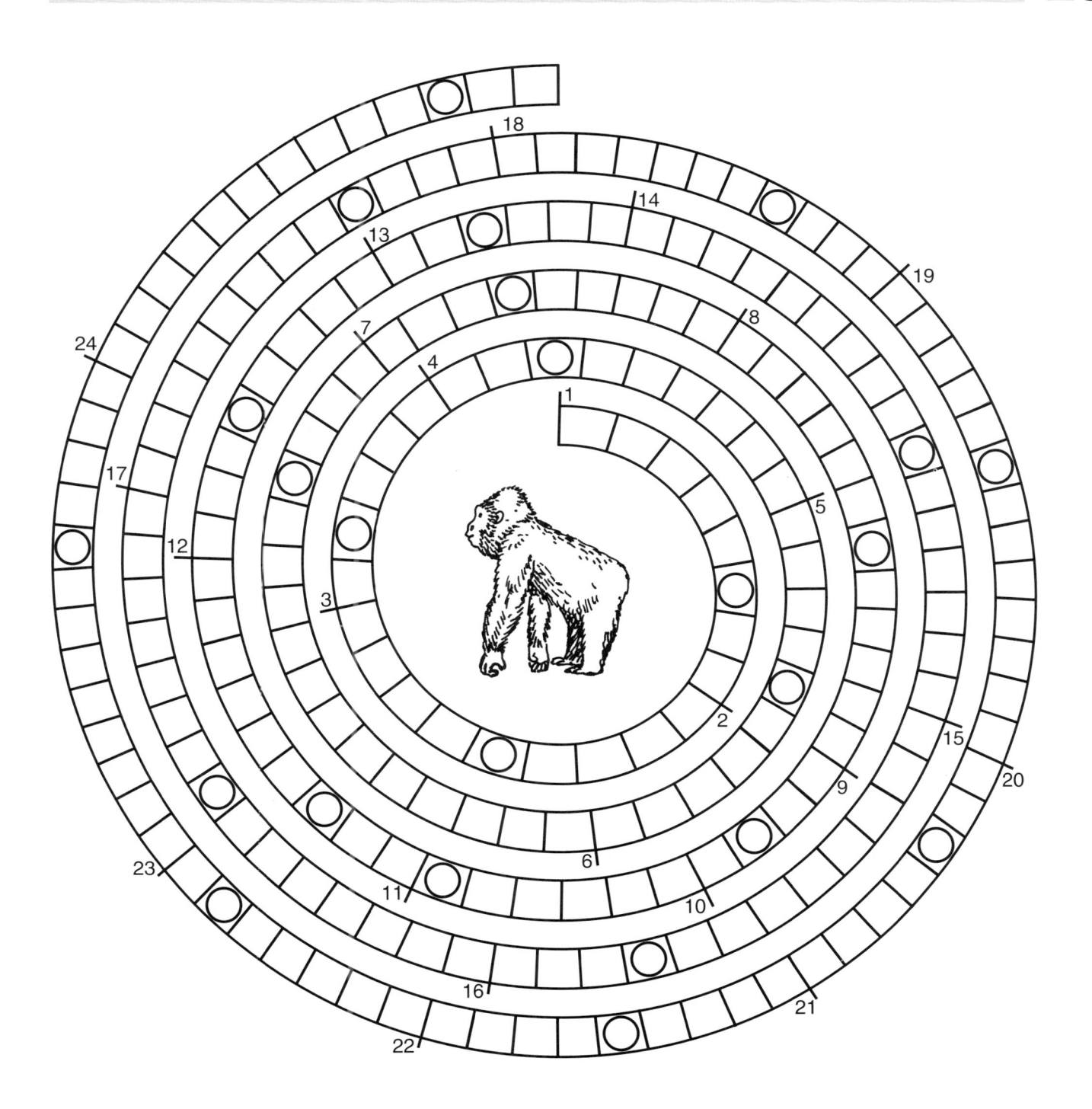

Das Lösungswort (aus den eingekreisten Buchstaben) heißt:

| 1 | 2 | 3 | 4 | – | 5 | 6 | 7 | 8 | 9 | 10 | – | 11 | 12 | 13 | 14 | 15 | 16 | 17 | 18 | 19 | 20 | 21 | 22 | 23 | 24 |

Aus: Rätsel im Biologieunterricht, Aulis Verlag Deubner & Co KG, Köln, 1999

25 | Lehrerseite

Lösung zu Rätsel 25:

1. Primaten, 2. Fossilien, 3. Feuer, 4. Verhalten, 5. Schimpanse, 6. Australopithecus, 7. Standfuss, 8. Wirbelsaeule, 9. Lucy, 10. Mensch, 11. Faustkeil, 12. Urmensch, 13. Gebiss, 14. Werkzeuggebrauch, 15. Heidelberger, 16. Ueberaugenwulst, 17. Neandertaler, 18. Jetztmensch, 19. Beringstrasse, 20. Eiszeit, 21. Greifhand, 22. Sammler, 23. Gehirnvolumen, 24. Hoehlenbilder

Lösungswort: TIER-MENSCH-UEBERGANGSFELD

Klassenstufe:	Sekundarstufe II
Schwierigkeitsgrad:	***
Benötigte Zeit:	15 - 20 Minuten

Weitere Hinweise:

Die **Stellung des Menschen im System der Lebewesen** bildet üblicherweise den Abschluss des Themas Evolution; hier lässt sich das Rätsel einsetzen.

Das Rätsel befasst sich mit der stammesgeschichtlichen Entwicklung der **Hominiden**; das spiegelt sich auch im Lösungswort wider. Das Lösungswort wird aufgrund der Umschreibung und auch wegen der Struktur des Wortes (zwei Bindestriche sind vorgegeben) meist schnell gefunden – evtl. schon zu Beginn „erraten" – und liefert den Schülern dann wichtige Buchstaben für die einzelnen Antworten.

* Mit acht Fragen bilden diejenigen zu charakteristischen **morphologischen und anatomischen Befunden**, denen im Zuge der Hominisation besondere Bedeutung beigemessen wird, einen Schwerpunkt des Rätsels (Nr. 6, 7, 8, 13, 20, 21, 23).
* Außerdem wird der **Verbreitung** der aufeinander folgenden Spezies der Gattung Homo ausführlich Rechnung getragen (Nr. 12, 15, 17, 19, 20).
* Jeweils erreichte **geistige Fähigkeiten und kulturelle Entwicklungsstufen** (Nr. 3, 11, 14, 22, 24) werden hervorgehoben.

Die genannten Facetten, von denen keine für sich allein betrachtet werden darf, da keine für sich allein aussagekräftig ist, lassen sich mit dem Rätsel in einer Art **Zwischenbilanz** bündeln, bevor weitere evolutionsbiologische Parallelen aus anderen Bio-Wissenschaften, z. B. aus Biochemie, Genetik und Ethologie, das bisher im Unterricht Erarbeitete ergänzen.

Obwohl für die Kursthemen der Sekundarstufe II konzipiert, erscheint eine Verwendung der Rätselspirale bei entsprechendem Stoffverteilungsplan durchaus auch schon in **Klasse 10** möglich – dann als methodisch wünschenswerte **Auflockerung** der Unterrichtsstunde und zugleich anspruchsvoller **Abschluss** der Thematik.

Schülerseite 26

Unser Wald
– ein Silbenrätsel –

Mit Hilfe der angegebenen Silben sind die folgenden Begriffe zu finden. Streiche die verwendeten Silben stets durch; zum Schluss darf keine Silbe übrig bleiben. Die Anfangsbuchstaben deiner Antworten ergeben, der Reihe nach von oben nach unten gelesen, einen wichtigen Merksatz.

a	bau	bäu	bäu	be	bee	ber	bor	bu	che	che	che	chen	christ
dachs	dam	de	del	del	e	e	ei	ei	eich	er	er	erd	eu
fer	füß	ge	gel	gins	grün	ha	hörn	il	im	in	in	kä	ke	ken
lär	laub	le	le	ler	me	me	mei	mer	na	na	na	ne	nung	nuss	ons
pilz	re	ro	rot	sche	schlei	scho	schutz	se	se	sel	sek	send	si	stein
tan	tau	ten	ter	tis	tur	un	va	vo	wald	wei	weih	wild

1. giftiger Nadelbaum ....

2. kriechende Pflanze, behält im Winter ihr Laub ....

3. Gruppe von Bäumen, zu der z. B. Fichte, Tanne und Kiefer gehören ....

4. „Kopfschmuck" männlicher Hirsche ....

5. wertvoller Baum ....

6. ein genießbarer Pilz ....

7. ein Amphib mit bunter Bauchseite ....

8. sehr wichtige Aufgabe ....

9. eine einheimische Hirschart ....

10. geschicktes kleines Klettertier ....

11. der häufigste Laubbaum unserer Wälder ....

12. kleiner Baum mit besonders biegsamen Ästen, liefert Material für Körbe ....

13. Staaten bildendes Insekt, kann zwicken ....

14. Gruppe von Bäumen, die im Winter die Blätter abwerfen ....

15. ausgedehnter Erdbau unseres größten im Wald lebenden Marders ....

Aus: Rätsel im Biologieunterricht, Aulis Verlag Deubner & Co KG, Köln, 1999

Schülerseite

16. eine Gruppe von Gliederfüßlern ....

17. frisch aufgeforsteter Wald ....

18. im Schwarzwald zu Hause ....

19. Nadelbaum, der im Winter kahl ist ....

20. anderer Name für Vogelbeerbaum ....

21. kleine Käfer, deren Larven sich von Holz oder Rinde ernähren, Schädlinge ....

22. ein Baum, der feuchten Boden liebt ....

23. eine Art von Blatt, sehr schmal und spitz ....

24. fliegt in der Nacht, frisst Mäuse ....

25. leckere Waldesfrucht ....

26. kleines Raubtier ....

27. blüht im Winter; in den Alpen Wildpflanze, bei uns Zierpflanze ....

28. Frucht eines Strauches, wird z. B. beim Backen benutzt ....

29. Bodenbewohner mit sehr vielen Beinen ....

30. bestimmte Art von Zugvogel ....

31. Waldrandpflanze mit rutenartigen Zweigen und oft intensiv gelben Schmetterlingsblüten ....

Die Lösung lautet:

....

....

Lehrerseite 26

Lösung zu Rätsel 26:

1. Eibe, 2. Immergrün, 3. Nadelbäume, 4. Geweih, 5. Eiche, 6. Steinpilz, 7. Unke, 8. Naturschutz, 9. Damwild, 10. Eichhörnchen, 11. Rotbuche, 12. Weide, 13. Ameise, 14. Laubbäume, 15. Dachsbau, 16. Insekten, 17. Schonung, 18. Tanne, 19. Lärche, 20. Eberesche, 21. Borkenkäfer, 22. Erle, 23. Nadel, 24. Schleiereule, 25. Walderdbeere, 26. Iltis, 27. Christrose, 28. Haselnuss, 29. Tausendfüßler, 30. Invasionsvogel, 31. Ginster

Die Lösung lautet: EIN GESUNDER WALD IST LEBENSWICHTIG

Klassenstufe:	5. - 7.
Schwierigkeitsgrad:	**
Benötigte Zeit:	20 Minuten

Weitere Hinweise:

Beim Durchlesen der Antworten erkennt man schnell, dass es in dem Rätsel hauptsächlich um **Pflanzen und Tiere des Waldes** geht; zu ihrer Charakterisierung werden recht **unterschiedliche Kriterien** herangezogen, z. B. ein besonders charakteristisches Aussehen, ein typischer Standort, ein spezifisches Verhalten, eine besondere Fähigkeit, ein wichtiger Verwendungszweck; dadurch entsteht ein **inhaltlich abwechslungsreiches Rätsel** zum Ökosystem Wald. Das Lösen des Rätsels fällt den Schülern gerade wegen der Vielseitigkeit der Fragen nicht ganz leicht. Als Einstieg in die Thematik ist es nicht geeignet, später „passt" es an nahezu jeder Stelle in eine Unterrichtsreihe über den Wald; auch an Projekttagen mit entsprechender Thematik oder im Rahmen der Vorbereitung auf einen Lehrausflug kann es nützlich sein.

Wenn es das erste Silbenrätsel ist, das die Schüler bearbeiten, gibt man ihnen **einige praktische Tipps zum Lösen**: Die verwendeten Silben werden nur mit Bleistift ausgestrichen, um eventuelle Fehler besser korrigieren zu können. Bis zum Schluss unbeantwortet gebliebene Fragen lassen sich meist durch Kombinieren der restlichen Silben beantworten – dies wird im vorliegenden Rätsel die Antwort zu Frage 30 sein.

Es ist nahe liegend, im Anschluss an das Rätsel zumindest kurz auf den Lösungssatz einzugehen: Zur **Bedeutung des Waldes** kann man mit den Schülern nach und nach z. B. das hier vorgeschlagene **Tafelbild** entwickeln – es enthält im linken Teil diejenigen Funktionen des Waldes, die die Schüler meist zuerst nennen; im rechten Teil wird anschließend eingetragen, welche Wirkungen der Wald auf die Umwelt hat.

(Die Darstellung ist leicht an die Tafel zu zeichnen; sie ist aufgrund ihrer Strukturierung einprägsamer für die Schüler der angesprochenen Jahrgänge als eine einfache „Liste" mit den erarbeiteten Gesichtspunkten.)

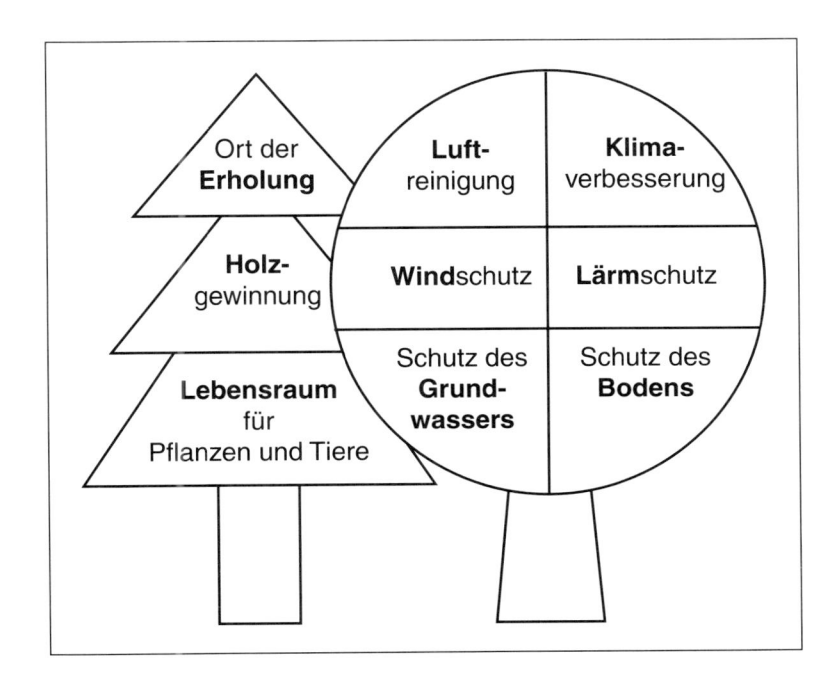

Schülerseite

2 x rund um den Wald
– zwei Rätselfiguren –

In **Teil A** sind 12 Arten von Wald zu erraten. Alle Worte **enden mit der Silbe „WALD"**; trage sie, bei den Ziffern beginnend, **von außen nach innen** in die obere Rätselfigur ein!

Die in **Teil B** gesuchten Begriffe haben ebenfalls mit Wald zu tun; sie **fangen mit der Silbe „WALD"** an und werden, bei den Ziffern endend, **von innen nach außen** eingetragen.

Wenn du die Buchstaben der eingerahmten Felder wie angegeben aneinander reihst, erhältst du in **Teil C** als **Lösungswort** des Rätsels **zwei Begriffe aus der Forstwirtschaft**.

A:
1. immergrüner Wald, der z. B. aus Fichten, Kiefern oder Tannen bestehen kann
2. er ist das Ergebnis langfristiger Planung und dient meist der Holzgewinnung, wird auch Wirtschaftswald genannt
3. flussbegleitender Feuchtwald in Savannen- und Steppengebieten
4. sommergrüner Wald der gemäßigten Breiten
5. immergrüner Wald im ganzjährig heißen und feuchten Klima der Tropen
6. vom Menschen völlig unbeeinflusster Wald
7. aus Keimlingen (nicht aus Stockausschlägen) hervorgegangene Waldform; die hohen Baumstämme werden meist im Alter von 80 - 120 Jahren geschlagen
8. kühler, feuchter Hochgebirgswald der Tropen
9. in Mitteleuropa weit verbreiteter Waldtyp, benannt nach dem vorherrschenden (Laub)baum
10. er enthält verschiedene Arten von Bäumen
11. bei uns selten gewordene Lebensgemeinschaft im Überschwemmungsbereich von Flüssen
12. er darf wegen seiner Schutzfunktion (z. B. gegen Lawinenentstehung) nicht gefällt werden

B:
1. wichtiger Wasserspeicher, Lebensraum zahlreicher kleiner Tiere
2. würziges Kraut mit kleinen weißen Blüten, auch Maikraut genannt; wird zur Bereitung von Bowlen verwendet
3. sie entstehen als Folgen ungünstiger Einwirkungen auf den Wald, z. B. durch Trockenheit, sauren Regen, Schädlinge, Wildverbiss (Ä = AE)
4. sie sieht ungefähr aus wie ein „verkleinerter" Uhu
5. einheimischer Nadelbaum mit jeweils zwei Nadeln in einem Büschel
6. dort hört infolge Kälte oder Trockenheit der geschlossene Wald auf
7. mittelalterliche und noch bis ins 19. Jahrhundert gängige Art der Waldnutzung
8. in zunehmendem Maße auffällige Erscheinung, deren Ursachen noch nicht völlig geklärt sind
9. er wird eigens für Schüler und andere wissensdurstige Personen angelegt
10. nützliches Insekt
11. er vernichtet jedes Jahr große Waldgebiete
12. leckere Frucht einer kleinen Waldpflanze

Schülerseite 27

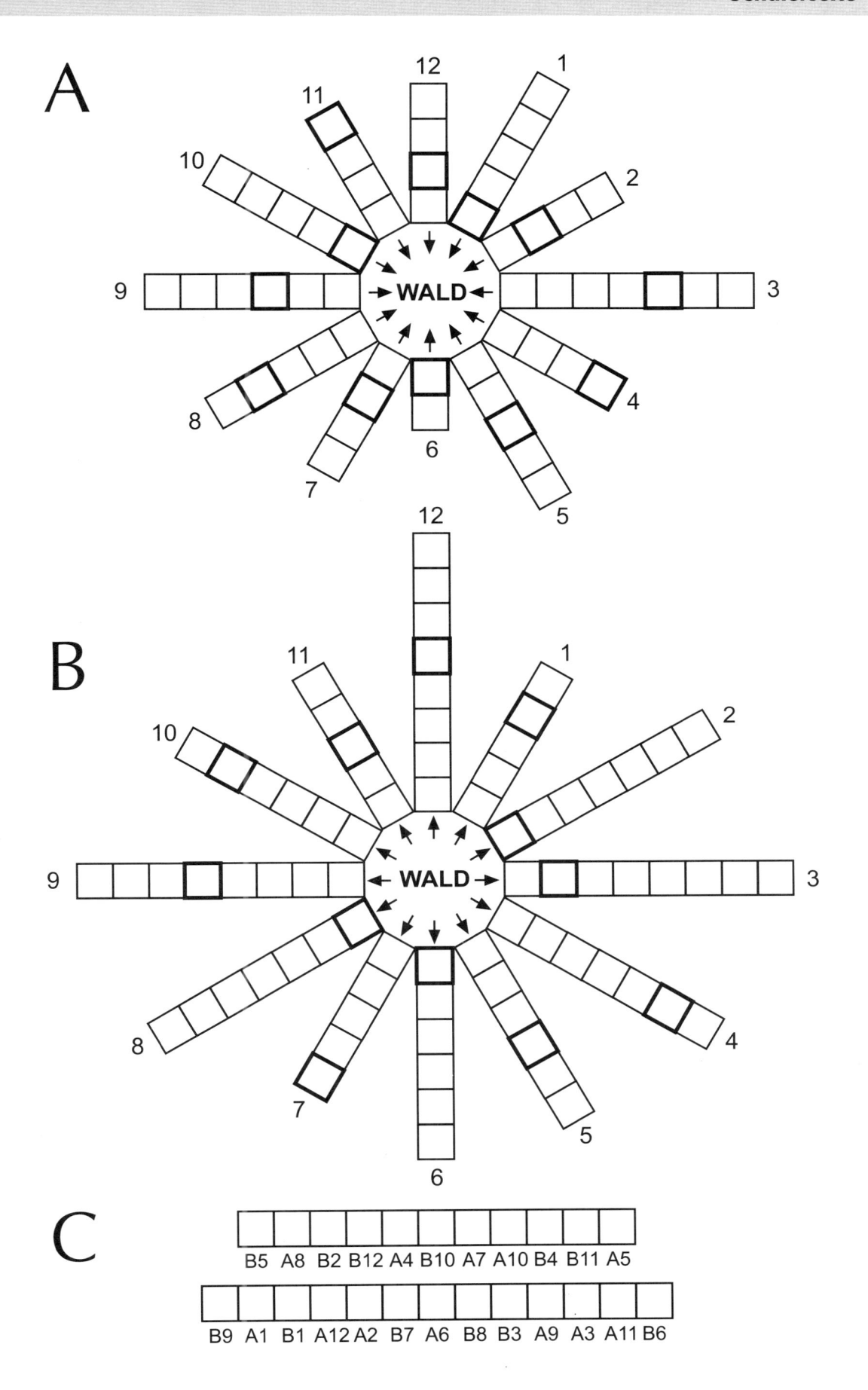

A

B

C

B5	A8	B2	B12	A4	B10	A7	A10	B4	B11	A5	

B9	A1	B1	A12	A2	B7	A6	B8	B3	A9	A3	A11	B6

Aus: Rätsel im Biologieunterricht, Aulis Verlag Deubner & Co KG, Köln, 1999

27 | Lehrerseite

Lösung zu Rätsel 27:

A: 1. Nadel-, 2. Nutz-, 3. Galerie-, 4. Laub-, 5. Regen-, 6. Ur-, 7. Hoch-, 8. Nebel-, 9. Buchen-, 10. Misch-, 11. Auen-, 12. Bann**WALD**

B: 1. **WALD**boden, 2. -meister, 3. -schaeden, 4. -ohreule, 5. -kiefer, 6. -grenze, 7. -weide, 8. -sterben, 9. -lehrpfad, 10. -ameise, 11. -brand, 12. -erdbeere

C: Lösungsworte: FEMELSCHLAG, PLENTERSCHLAG

Klassenstufe:	8. - 10.
Schwierigkeitsgrad:	**
Benötigte Zeit:	15 Minuten

Weitere Hinweise:

In „2 x rund um den Wald" geht es um **Waldarten** und ihre **Verbreitung** in Abhängigkeit von Klimazonen und anderen Standortfaktoren, um die **Bedeutung** des Waldes sowie die weltweite **Gefährdung** der Wälder. Eine Reihe von Fragen lässt sich mit Allgemeinwissen beantworten, Teil B wird durch einige leicht zu findende Einzelbeispiele aufgelockert, so dass die Rätselfiguren im Rahmen einer Unterrichtsreihe zum Thema „Wald" an fast beliebiger Stelle zu verwenden sind. An **Einzelheiten** ist zu beachten:
– Tragen Schüler statt „Buchenwald" (A9) „Eichenwald" ein, könnte der Fehler unbemerkt bleiben, da beide Antworten das für das 2. Lösungswort erforderliche H liefern.
– Wenn statt mit „Auenwald" (A11) mit „Auwald" geantwortet werden soll, verkürzt der Lehrer vor dem Kopieren die Kästchenreihe um zwei Felder und rahmt erneut das äußere Feld ein.

Die **Lösungsworte** eignen sich, um den **Grundsatz der Nachhaltigkeit** für jegliche Art der Waldnutzung herauszuarbeiten; besonders wichtig ist es, darauf hinzuweisen, dass ein „nachhaltiges" Abholzen nicht nur der Holzgewinnung selbst, sondern auch den anderen Funktionen des Waldes zugute kommt – den ökologischen wie den sozialen.

Einige Anmerkungen zum Forstbetrieb, die sich für Schüler der Sekundarstufe I eignen:

1. „**Nachhaltige**" **Nutzung** bedeutet „dauerhaft mögliche" Nutzung; bezogen auf die Holzwirtschaft heißt das: Es wird nur so viel Holz gefällt, wie nachwächst.
– Das Prinzip der Nachhaltigkeit als Handlungsmaxime wird in der **Rio-Deklaration von 1992** wie folgt festgeschrieben: „Hierunter wird eine Entwicklung verstanden, die die Bedürfnisse der Gegenwart befriedigt, ohne die Lebensmöglichkeiten künftiger Generationen durch übermäßige Beanspruchung von Umweltressourcen zu gefährden."
– Maßnahmen, um eine nachhaltige Bewirtschaftung der Wälder zu fördern, sind z. B. auch im **Internationalen Tropenholzabkommen von 1994** genannt, auf das sich Produzenten- und Verbraucherländer geeinigt haben.

2. In Deutschland gibt es zertifizierte Bäume zur **Samengewinnung**; die Jungpflanzen werden in Baumschulen für den Forstbedarf herangezogen. Bei den Bäumen mit Zertifikat handelt es sich um Exemplare ohne erkennbare genetische Schädigung (wie z. B. Drehwuchs).

3. In der Waldwirtschaft mit ihren langen Zeiträumen unterscheidet man mehrere waldbauliche Betriebsarten:
– **Plenterschlag / Plenterwald**: Ein Plenterwald ist ein Hochwald mit allen Entwicklungsstufen in ungeregelter Mischung; geschlagen werden **einzelne Bäume**. Der Wald wird also laufend verjüngt, es erfolgt ein stetiger, unmerklicher Wechsel auf kleinsten Flächen; geeignet nur für Schattenholzarten: Tanne, Buche, Fichte.
– **Femelschlag / Femelwald**: Geeignet für Bäume wie Eiche, Waldkiefer und Lärche, die von der Jungwuchsstufe an Sonne zum Gedeihen benötigen. Die Altersstufen sind auf der Bestandsfläche gruppenweise gemischt: Es erfolgt ein kleinflächiges Lichten; geschlagen werden **kleine Gruppen** von Bäumen, so dass örtlich begrenzte Lichtungen durch Entnahme der jeweils ältesten, stärksten Stämme entstehen. Es erfolgt eine Ergänzung durch Saat oder Pflanzung; später wachsen benachbarte Jungwuchsgruppen zusammen.
– Ein großflächiger **Kahlschlag** ist abzulehnen; er nimmt auf die ökologischen und sozialen Funktionen des Waldes keine Rücksicht, sondern hat nur die maximale Holznutzung zum Ziel.

Lehrerseite 27

4. Die Fällungszeit ist i. a. die Zeit der Vegetationsruhe (Winterfällung). Zur Schonung des jungen Unterwuchses wird eine Fällung bei Schnee bevorzugt. Im Hochgebirge und bei Eichen- und Fichtenbeständen erfolgt wegen der Lohrindengewinnung Sommerfällung. Für die Langholznutzung wird Winterfällung bevorzugt, da das Holz dann infolge langsameren Austrocknens weniger leicht reißt. Fichten werden auch deshalb entrindet, damit die Larven der Borkenkäfer vertrocknen.

5. In der Forstwirtschaft werden die Bäume vor ihrem Maximalalter geschlagen, weil das Kernholz sehr alter Bäume zu faulen beginnt; der Zeitraum zwischen Pflanzung und Fällung heißt **Umtriebszeit**.

Umtriebszeiten und – in Klammern – maximales Alter einiger wichtiger einheimischer Forstbäume in Jahren (Werte aus: Biologie in Zahlen, Gustav Fischer Verlag, Stuttgart 1985):

Bergahorn	120 - 140	(200)	Fichte	80 - 120	(1100)
Birke	60 - 80	(120)	Lärche	100 - 140	(600)
Eiche	180 - 300	(1300)	Kiefer	100 - 120	(500)
Hainbuche	60 - 100	(150)	Tanne	90 - 130	(500)
Rotbuche	120 - 140	(900)			
Spitzahorn	120 - 140	(600)			

6. Holzarten und ihre Verwendung
– Man unterscheidet **weiche und harte Nutzhölzer**. Weiche Nutzhölzer sind z. B. Fichte, Kiefer, Tanne, Birke, Erle, Linde, Weide; zu den harten Nutzhölzern zählen Ahorn, Buche, Eiche, Esche. **Baumaterial, Eisenbahnschwellen, Möbel** werden aus Harthölzern hergestellt. (Über Furniere, den Aufbau von Sperrholz oder die Werkstoffeigenschaften von Spanplatten wissen Schüler erfahrungsgemäß meist wenig – es interessiert sie aber.) Für die **Papier- und Zellstoffherstellung** verwendet man Weichhölzer, Splintholz (s. u.) und Äste aller Art.
– Die meisten Hölzer lassen mit zunehmendem Alter eine Differenzierung des Holzkörpers erkennen in eine jüngere, helle, äußere Zone, die auch noch lebende Zellen enthält, und einen dunkler gefärbten Kern aus totem Holz. Das jüngere, äußere Holz bezeichnet man als **Splintholz** (auch als Weichholz), das festere und härtere innere Holz als **Kernholz**. Kernholz ist wirtschaftlich wertvoller. Es gibt auch sog. Splintholzbäume, bei denen eine Verkernung unterbleibt; ihre Stämme weisen einen Querschnitt von durchgängig gleicher Beschaffenheit, auch gleicher Färbung, auf. Beispiele: Birke, Hainbuche, Pappel, Weide. Splintholzbäume werden nicht so alt wie Bäume, die Kernholz bilden. (Einige **Stammstücke** sollten in der Schule als Muster vorhanden sein, man kann sie leicht beim Förster bekommen; **Furnierproben** erhält man evtl. in einer Möbelschreinerei.)

Schülerseite

Naturschutz von A - Z
– eine Rätselspirale –

Ergänze die folgenden Sätze durch die passenden Begriffe und trage sie der Reihe nach, bei A beginnend, in die Rätselspirale ein (Ä = AE, Ö = OE)!
In jedem Wort befindet sich ein eingekreister Buchstabe; diese Buchstaben ergeben, in die angegebene Reihenfolge gebracht, die **Lösung des Rätsels**.

Zahlreiche Pflanzen- und Tierarten sind vom **A.....** bedroht.

Die **B.....** ist ein einheimisches Reptil, aber keine Schlange.

Luft, Wasser und Boden können durch sehr verschiedenartige **C.....** verunreinigt werden.

Den tropischen Regenwald nennt man auch **D.....** .

Zum Schutz der Elefanten darf mit **E.....** kein Handel mehr getrieben werden.

F..... fliegen nachts und orientieren sich mit Ultraschall; sie gehören zu den bei uns am meisten bedrohten Tieren.

Orang-Utan, **G.....** und Schimpanse sind Menschenaffen; ihr Lebensraum ist der afrikanische und südostasiatische tropische Regenwald.

H..... und Büsche gehören bei uns zu den an Tierarten reichsten Lebensräumen.

Zu den **I.....** zählen z. B. Schmetterlinge, Libellen, Fliegen, Wespen, Bienen, Käfer und Ameisen.

Je älter ein Baum ist, desto mehr **J.....** hat sein Stamm.

Der **K.....** ist ein schlimmer Schädling für eines unserer Hauptnahrungsmittel.

Der bei uns am weitesten verbreitete Waldtyp ist der **L.....** .

Auf die Verwendung von **M.....** und anderem begehrten Tropenholz sollte zum Schutz tropischer Wälder verzichtet werden.

Großräumige Naturschutzgebiete, die vor allem der Erhaltung und Beobachtung der jeweils heimischen Tier- und Pflanzenwelt dienen, heißen **N.....** .

Immer wieder tritt in Küstengebieten die für Wassertiere oft tödliche **O.....** auf.

P..... sind in den Tropen beheimatete, oft sehr farbenprächtige Vögel, die großenteils unter Naturschutz stehen.

Q..... schmeckt frisch und enthält meist noch keine Umweltgifte.

Die Larven der Schmetterlinge heißen **R.....** ; sie zählen teilweise zu den Schädlingen.

Bei den **S.....** handelt es sich um eine artenreiche, weit verbreitete Gruppe meist Panzer tragender, geschützter Reptilien.

Der **T.....** ist eine vom Aussterben bedrohte asiatische Raubkatze.

U..... haben im Unterschied zu Fröschen und Kröten eine bunte Unterseite.

Das Aufhängen von Nistkästen dient dem **V.....** .

Die **W.....** mit ihren vielen Blumen ist ein wichtiger Lebensraum z. B. für Bienen und Schmetterlinge.

Der **Z.....** ist einer der kleinsten einheimischen Vögel.

Schülerseite **28**

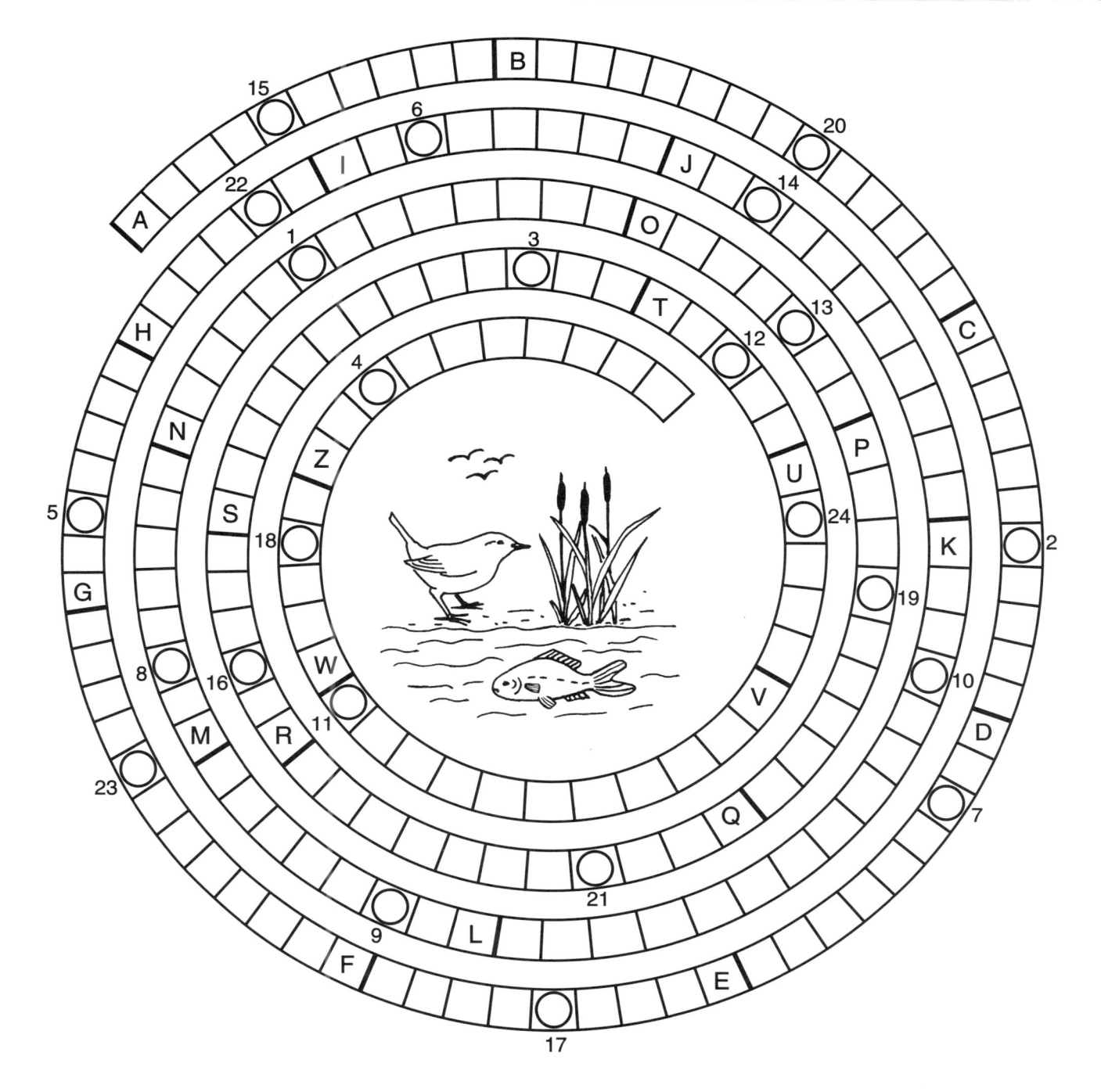

Die Lösung lautet:

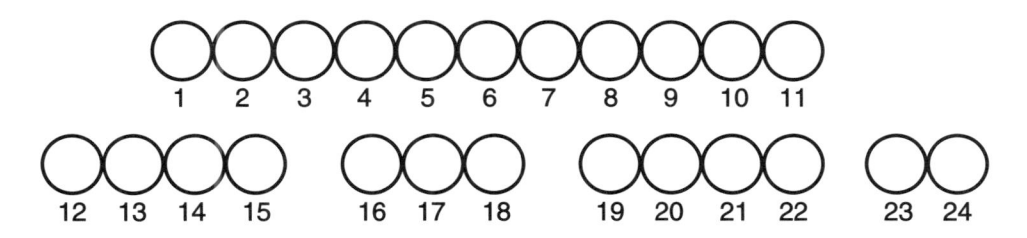

28 | Lehrerseite

Lösung zu Rätsel 28:

Aussterben, **B**lindschleiche, **C**hemikalien, **D**schungel, **E**lfenbein, **F**ledermaeuse, **G**orilla, **H**ecken, **I**nsekten, **J**ahresringe, **K**artoffelkaefer, **L**aubwald, **M**ahagoni, **N**ationalparks, **O**elpest, **P**apageien, **Q**uellwasser, **R**aupen, **S**childkroeten, **T**iger, **U**nken, **V**ogelschutz, **W**iese, **Z**aunkoenig

Die Lösung lautet: NATURSCHUTZ GEHT UNS ALLE AN

Klassenstufe: 5. - 8.
Schwierigkeitsgrad: * bis **
Benötigte Zeit: 15 Minuten

Weitere Hinweise:

Das Rätsel enthält eine abwechslungsreiche Mischung von Beispielen, die sich **in ihrer Gesamtheit** dazu eignen, den Schülern der genannten Jahrgänge das Thema **„Natur- und Umweltschutz"** näher zu bringen. Das Rätsel bietet vor allem eine Möglichkeit des **Einstiegs** in die Thematik; spezielle Kenntnisse werden kaum vorausgesetzt, die Vorgabe der Anfangsbuchstaben lässt die Schüler die meisten Antworten schnell finden. Da keine Fragen im herkömmlichen Sinne gestellt werden, sondern eine Art Lückentext angeboten wird, den es zu vervollständigen gilt, wird Abwechslung in die sonst übliche Weise des Fragens und Antwortens gebracht.

Auch zu **Vertretungsstunden** bei fremden Schülern eignet sich das Rätsel, ebenso (für eigene Schüler) in der **letzten Stunde vor Ferienbeginn** – hier kann man sie „hellhörig" machen für ein naturverträgliches Verhalten in Freizeit und Urlaub (s. weiter unten).

Die Lösung soll die Schüler in jedem Fall dazu anregen, sich Gedanken darüber zu machen, wie der Einzelne **auf direkte oder indirekte Weise** einen Beitrag zum Natur- und Umweltschutz leisten kann, welche **Verhaltensweisen oder Maßnahmen** also geeignet sind, das kostbare Gut „Natur" **zu schonen und zu schützen**. (Diesbezügliches Fehlverhalten geschieht ja in aller Regel aus Unbekümmertheit, Unachtsamkeit oder Unwissen und lässt sich daher in vielen Fällen leicht korrigieren, wenn es erst einmal als solches erkannt ist.)

Als Denkanstoß können die Schüler anhand des Textes die ersten Beispiele sammeln (C, E, M, P, S, V, W); diese werden dann im Unterrichtsgespräch oder als Hausaufgaben ergänzt. Aus Gründen der Übersichtlichkeit ist es ratsam, die Beispiele von vornherein **nach Tätigkeitsbereichen zu sortieren**:
 I. Freizeit / Sport / Urlaub,
 II. Alltag / Haus / Garten / Straßenverkehr.

Entsprechend dem Erfahrungshorizont und den Möglichkeiten der Schüler können dabei z. B. folgende Vorschläge kommen, von denen sich auch eine Reihe auf das Einsparen von Energie bezieht:

Zu I:
– in der freien Natur auf den Spazier- und Wanderwegen bleiben
– keine Wiesen zertrampeln
– keine geschützten Blumen pflücken oder gar ausgraben; sich erkundigen, welche Pflanzen hier und andernorts dazuzurechnen sind
– keine „wilden" Feuerstellen anlegen, sondern sich auf die dafür vorgesehenen Stellen beschränken
– Hunde im Wald an der Leine lassen (es ist auch verboten, sie frei laufen zu lassen)
– mit dem Mountainbike nicht querfeldein fahren
– beim Skilaufen auf der Piste bleiben (fernab der Piste würden kleine Pflanzen abrasiert, Tiere verscheucht)
– keinen Abfall (Trinktüten, Dosen, Sonnenölflaschen usw.) in der Natur / am Strand zurücklassen, auch nicht im Schnee neben der Piste „verstecken", sondern bis zum nächsten Abfallbehälter mitnehmen
– beim Wassersport, auch z. B. beim Rudern, Abstand von naturnahen Uferregionen halten, nicht in Schilf oder Röhricht hineinfahren (Brutbereiche!)
– Sperrzeiten, Sperrbereiche beachten (z. B. wegen Brutzeiten)
– kein lautstarkes Verhalten in der Natur

– beim Kauf von Tieren geschützter Arten, z. B. Papageien und Schildkröten, auf gültige Papiere achten
– keine Tiere geschützter Arten vom Urlaub „mitbringen" (einschmuggeln)

Lehrerseite 28

- keinen Elfenbeinschmuck oder andere Gegenstände aus Elfenbein kaufen, falls sie doch noch irgendwo angeboten werden - es sei denn, sie stammen nachweislich aus nachhaltiger Nutzung
- auch Produkte aus Reptilienleder sollten nur gekauft werden, wenn sie nachweislich aus nachhaltiger Nutzung stammen (z. B. aus Ranching-Projekten)

Zu II:

- Energie sparen bei Beleuchtung, beim Heizen (bedeutet Minderung des CO_2 - Ausstoßes)
- kein unnötiger Wasserverbrauch, z. B. Spül- und Waschmaschine gut füllen (kommt dem Grundwasser zugute)
- keine Chemikalien wie z. B. Öl und Benzin ins Wasser gießen
- Altmedikamente, Farbreste usw. an Sammelstellen für Sondermüll abliefern
- bei Malerarbeiten möglichst Farben verwenden, die mit Wasser verdünnbar sind (Acrylfarben), um die Abgabe organischer Lösungsmittel an die Atmosphäre zu mindern
- Einkaufsnetze oder -taschen verwenden, keine Plastiktüten
- Recyclingpapier, umweltfreundliche Schreibutensilien benutzen
- den Müll sortiert sammeln (Altglas, Kunststoffmüll)
- vorschlagen, Möbel aus Tropenholz nur zu kaufen, wenn es nachweislich aus nachhaltiger Tropenholzerzeugung stammt
- beim Hausbau kann vieles beachtet werden, worauf die Schüler allerdings noch keinen Einfluss haben – man könnte trotzdem einiges zusammenstellen lassen wie z. B.: Isolierglas / Dämmstoffe verwenden, Sonnenenergie nutzen, Regenwassertonnen aufstellen
- vorschlagen, am Haus eventuell eine Fassadenbegrünung anzulegen
- für den Garten den Bau einer Trockenmauer als Biotop vorschlagen
- vorschlagen, die Wiese im Garten (oder einen Teil von ihr) nur zweimal jährlich zu mähen
- auch Hecken und Gestrüpp sind wichtige Lebensräume, z. B. für das Überwintern kleiner Tiere, desgleichen das im Herbst von Bäumen und Sträuchern herabgefallene Laub - daher nicht penibel alles wegrechen und wegräumen
- vorschlagen, möglichst keine oder sehr wenig Biozide zu verwenden
- Vogelnistkästen aufhängen
- mit Maßen Vogelfütterung bei Schnee / Frost
- Nistgelegenheiten für Solitärbienen herstellen und an sonnigen Plätzen aufhängen (20 bis 30 waagrechte Löcher von 4 - 8 mm Durchmesser in nicht präparierten Holzblock bohren oder ebenso viele ca. 10 cm lange Stängelstücke von Getreide oder Bambus waagrecht bündeln)
- keine Autos dort waschen, wo Wasserschutzgebiete ausgewiesen sind (das ist auch verboten) – wo Autos gewaschen werden, müssen Ölabscheider vorhanden sein
- energiesparende Fahrweise: bei längerem Warten Motor abstellen, keine „Kavalierstarts"
- nicht ständig mit dem Auto oder dem Mofa „herumkurven", auch mal Fahrrad fahren oder zu Fuß gehen

29 Schülerseite

2 x rund um das Wasser
– zwei Rätselfiguren –

Ergänze die folgenden 26 Sätze zu sinnvollen Aussagen und trage die passenden Begriffe, von denen **die ersten 13 mit „WASSER" beginnen** (Figur I) und **die folgenden 13 auf „WASSER" enden** (Figur II), entsprechend den Pfeilrichtungen in die beiden Rätselfiguren ein; beachte: Ä = AE, Ü = UE, ß = SS.

Zu jeder Figur gehört ein Lösungswort, das du erhältst, wenn du die eingerahmten Buchstaben wie angegeben sortierst; beachte dabei: manche Buchstaben werden mehrfach benötigt. **Lösungswort I** nennt eine wichtige **kommunale Aufgabe**, **Lösungswort II** eine wichtige **Fähigkeit von Gewässern**.

1. Der WASSER.... in der Natur ist ein in sich geschlossenes System, in das der Mensch jedoch vielfältig eingreift.
2. Kühlt sich mit WASSER.... gesättigte Luft in höheren Schichten der Atmosphäre ab, kommt es zu Niederschlägen.
3. Der WASSER.... des menschlichen Organismus beträgt ca. 60 %.
4. Der uns als Trinkwasser zur Verfügung stehende WASSER.... ist begrenzt.
5. Kommunale WASSER.... umfassen Anlagen zum Gewinnen, Aufbereiten, Speichern und Verteilen von Trinkwasser.
6. Für den Menschen ist eine tägliche WASSER.... von mindestens 3 Litern erforderlich.
7. Unser täglicher WASSER.... (einschließlich Kochen, Waschen, Spülen, Duschen) beträgt pro Person fast 150 Liter.
8. Ein WASSER.... wird durch Hinweisschilder kenntlich gemacht und unterliegt Nutzungsbeschränkungen.
9. Dass die WASSER.... am Grund stehender, nicht allzu flacher Gewässer das ganze Jahr über weitgehend konstant bei +4 °C liegt, hängt damit zusammen, dass Wasser bei diesem Wert seine größte Dichte hat.
10. Die WASSER.... wird durch im Wasser gelöste Calcium- und Magnesiumsalze hervorgerufen.
11. Nimmt die Menge der WASSER.... in Flüssen und Seen zu stark zu, entsteht bei ihrem Abbau ein für die Lebewesen gefährlicher Sauerstoffmangel.
12. Die WASSER.... unserer Flüsse und Seen hat sich durch den Bau kommunaler und industrieller Kläranlagen schon merklich gebessert.
13. Physikalische, chemische, biologische und mikrobiologische Methoden der WASSER.... geben in ihrer Gesamtheit Auskunft über die Qualität eines Gewässers.

14. ....WASSER muss farblos und klar, geruch- und geschmacklos und vor allem frei von Krankheitserregern sein.
15. An das in Gewerbe und Industrie in großem Umfang benötigte ....WASSER werden wesentlich geringere Anforderungen gestellt als an Nr. 14.
16. Im Unterschied zu Flüssen und Seen enthalten die Meere ....WASSER; es enthält außer Kochsalz noch zahlreiche andere Salze.
17. In den sogenannten Salzgärten der Mittelmeerküste gewinnt man Salz, indem man ....WASSER in große, flache Becken leitet und eindunsten lässt.
18. Das Wasser von Flüssen und Seen wird als ....WASSER bezeichnet.
19. Bei ....WASSER lässt der Lebensraum Watt seine reiche Tierwelt erkennen.
20. Unser ....WASSER reicht schon lange nicht mehr aus, um die Bevölkerung mit Nr. 14 zu versorgen.
21. ....WASSER wird auf seinem Weg durch den Boden gereinigt.
22. Bei Abkühlung von mit Wasserdampf gesättigter Luft bildet sich in der Atmosphäre ....WASSER in Form von Nebel, Regen oder (am Boden) in Form von Tau.
23. ....WASSER ist durch die Aufnahme von Schadstoffen aus der Luft oft sauer.
24. ....WASSER hat meist einen frischen, würzigen Geschmack.
25. Unser ....WASSER, beispielsweise das von Rhein und Elbe, ist teilweise noch immer mit erheblichen Mengen von Schadstoffen belastet.
26. In südlichen Ländern, vor allem in den Tropen, sollte man ....WASSER nur trinken, wenn es abgekocht worden ist.

Schülerseite 29

I

Lösungswort I:

| 3 | 10 | 12 | 6 | 1 | 5 | 2 | 13 | 13 | 11 | 10 | 7 | 11 | 10 | 13 | 4 | 10 | 8 | 9 | 6 | 8 |

II

Lösungswort II:

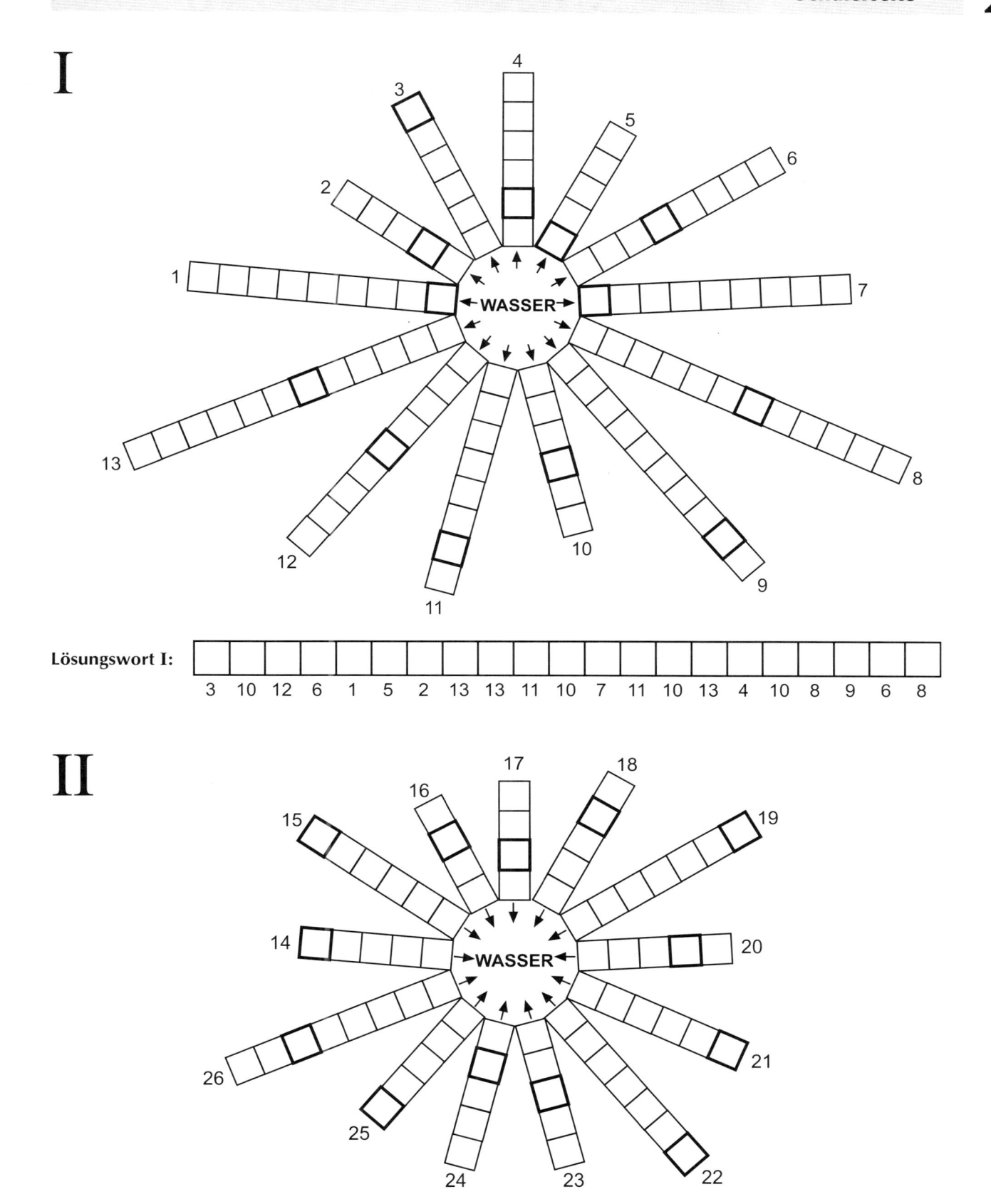

| 21 | 17 | 24 | 15 | 21 | 14 | 20 | 17 | 26 | 19 | 26 | 23 | 18 | 19 | 23 | 21 | 22 | 20 | 16 | 25 | 14 |

Aus: Rätsel im Biologieunterricht, Aulis Verlag Deubner & Co KG, Köln, 1999

Lehrerseite

Lösung zu Rätsel 29:

Figur I:
1. **WASSER**kreislauf, 2. -dampf, 3. -gehalt, 4. -vorrat, 5. -werke, 6. -aufnahme, 7. -verbrauch, 8. -schutzgebiet, 9. -temperatur, 10. -haerte, 11. -pflanzen, 12. -qualitaet, 13. -untersuchung

Lösungswort I: TRINKWASSERVERSORGUNG

Figur II:
14. Trink-, 15. Brauch-, 16. Salz-, 17. Meer-, 18. Suess-, 19. Niedrig-, 20. Grund-, 21. Sicker-, 22. Kondens-, 23. Regen-, 24. Quell-, 25. Fluss-, 26. Leitungs**WASSER**

Lösungswort II: SELBSTREINIGUNGSKRAFT

Klassenstufe:	7. - 9.
Schwierigkeitsgrad:	**
Benötigte Zeit:	15 Minuten

Weitere Hinweise:

Wie kaum ein anderes Thema eignet sich der Themenkomplex „Wasser" für einen **fächerübergreifenden, projektartigen Unterricht**; das spiegelt sich auch in der Zusammenstellung der zu ergänzenden Aussagen wider, die inhaltlich deutlich **über rein biologische Gesichtspunkte hinausgehen**.

Es dreht sich darum, 26 Sätze durch das richtige Passwort zu vervollständigen, wobei die Palette der zu ergänzenden Aussagen von physikalischen über chemische, biologische und erdkundliche bis hin zu wirtschaftlichen und bevölkerungspolitischen Inhalten reicht. Indem das Rätsel **zahlreiche Aspekte** bündelt, die im Zusammenhang mit dem Thema Wasser zu bedenken bzw. zu berücksichtigen sind und die sich allesamt miteinander verzahnen, wird die **Komplexität** der Thematik deutlich; das gilt auch für die beiden Lösungsworte.

Aber auch im **regulären Biologieunterricht** bietet sich eine Reihe von Möglichkeiten, um auf die **vielseitige und zentrale Bedeutung des Wassers** für alles Leben auf der Erde einzugehen; beispielsweise lässt sich das Thema „Wasser" sehr gut in eine Unterrichtseinheit **„Umweltschutz – Naturschutz"** einbauen.

Da keine besonders komplizierten Sachzusammenhänge erfragt werden, eignet sich das Rätsel bereits als **Einstieg** in ein entsprechend angelegtes Unterrichtsvorhaben, selbstverständlich auch zu dessen **abschließender Zusammenfassung**.

Hier wie dort können z. B. die folgenden Werte über den durchschnittlichen **täglichen Wasserverbrauch pro Person in der Bundesrepublik Deutschland (145 ℓ)** als Diskussionsgrundlage nützlich sein (Werte aus: „Mensch & Umwelt", Industrieverband Agrar, Frankfurt a. M. 1998).

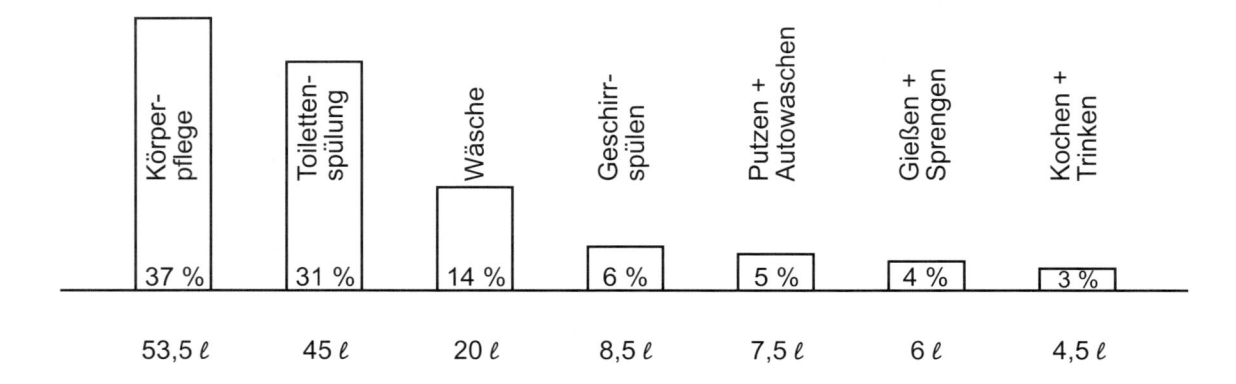

Körperpflege	Toilettenspülung	Wäsche	Geschirrspülen	Putzen + Autowaschen	Gießen + Sprengen	Kochen + Trinken
37 %	31 %	14 %	6 %	5 %	4 %	3 %
53,5 ℓ	45 ℓ	20 ℓ	8,5 ℓ	7,5 ℓ	6 ℓ	4,5 ℓ

Schülerseite 30

Ökologie im Überblick
– ein Silbenrätsel –

Wenn man die 52 Begriffe gefunden hat (benutzte Silben ausstreichen – es darf keine Silbe übrig bleiben) und die angegebenen Buchstaben einträgt, erhält man **als Lösung** des Rätsels **mehrere Gesichtspunkte zur Bedeutung des Waldes**. (Die Buchstaben werden jeweils von oben nach unten gelesen.)

a	ab	au	au	bak	be	be	be	ben	bens	bi	bi	bi	bi	bi	blü	bor	brand
co	de	de	de	de	de	de	de	di	di	di	du	dung	dung	dung			
e	ef	en	en	en	er	eu	faul	faul	fekt	fel	fer	fer	fi	flech	früh	fung	
ga	ge	ge	ge	gen	gü	gung	halt	haus	he	her	in	in					
ka	ka	kämp	ken	ket	kip	klas	koh	kom	kon	kor	kraut	kul	kul				
lan	land	land	läs	lärm	le	le	le	len	li	lings	luft						
mas	me	mein	men	misch	mo	my	na	nah	ni	nie	no						
o	o	o	o	o	o	o	o	on	ons	ont	pa	pe	pen	phie	plank	po	pos	pro
ra	re	reich	rhi	ri	ri	ro	ro	ro	rung	rung	rungs						
salz	sau	schäd	schaft	schaft	schaft	schlamm	schmut	schwe	schwer	se	se						
sek	sen	ser	sit	so	sphä	ster	stick	stoff	stoff	streu	stru	su	sym				
ta	tal	te	te	te	te	ten	ten	ten	ten	ter	ti	ti	ti	ti	tie	to	to
ton	top	tor	treib	tri	tro	troph	troph	tur	tur	tur	turm						
u	um	un	ve	ver	ver	ver	wal	wald	wald	was	xi	xid	xid	za	zen	zi	zi	zung

Die Lösung lautet:

Der Wald * _____ _____ _____ _____ ,

* _____ _____ ,

* _____ _____ _____ ,

* _____ _____ _____ _____ .

Aus: Rätsel im Biologieunterricht, Aulis Verlag Deubner & Co KG, Köln, 1999

30 Schülerseite

1. natürliche Veränderung der mitteleuropäischen offenen Landschaft, wenn der Mensch nicht eingreift .... 6 = ... 1 = ...
2. der gesammte Bereich der Erde, der von Organismen bewohnt ist .... 2 = ... 9 = ...
3. Ernährungsweise, zur Energiegewinnung andere Lebewesen ganz oder teilweise zu (fr)essen .... 2 = ... 5 = ...
4. Teil von Kläranlagen, in dem das Volumen des Klärschlamms stark verringert wird .... 1 = ... 8 = ...
5. umweltschädliche Substanzen, die wir zu vielerlei Reinigungszwecken benötigen .... 2 = ... 4 = ...
6. Reihenfolge der Lebewesen aufgrund ihrer Nahrungsbeziehung .... 4 = ... 3 = ...
7. die vom Menschen nicht beeinflusste Landschaft .... 3 = ... 5 = ...
8. für die Umwelt schädliche gasförmige Verbindungen, die bei hohen Temperaturen aus Luft entstehen .... 1 = ... 2 = ...
9. die durch den Menschen gestaltete Landschaft .... 4 = ... 10 = ...
10. er lebt auf Kosten eines anderen, ohne ihn umzubringen .... 2 = ... 4 = ...
11. Substanz, deren Verwendung im Winter leider mitunter notwendig ist .... 5 = ... 1 = ...
12. sie enthalten zahlreiche Schadstoffe, unter anderem CO, CO_2 und NO_X .... 6 = ... 7 = ...
13. Sammelbezeichnung für die ersten Blütenpflanzen, die uns im Jahr erfreuen .... 1 = ... 2 = ...
14. (unerwünschte) Erhöhung des Nährstoffgehalts von Gewässern .... 4 = ... 2 = ...
15. dorthin kommt der größte Anteil unseres Abfalls .... 2 = ... 5 = ...
16. Reduktion von Nitraten und Nitriten durch bestimmte Bakterien in schlecht durchlüfteten Böden .... 4 = ... 1 = ...
17. Gruppe von Stoffen, deren Ionen durch Zerstörung von Eiweißstrukturen sehr gefährlich sein können .... 5 = ... 4 = ...
18. Ernährungsweise der meisten grünen Pflanzen und auch einiger Bakterien .... 2 = ... 1 = ...
19. notwendige Maßnahme, die als integrierte Methode langfristig bessere Ergebnisse zeigt als die allein eingesetzte „chemische Keule" .... 8 = ... 1 = ...
20. Mitverursacher des sauren Regens .... 9 = ... 1 = ...
21. schädliches Insekt, das hauptsächlich vorgeschädigte Bäume befällt .... 4 = ... 5 = ...
22. Beispiel eines Feuchtbiotops .... 1 = ... 4 = ...
23. pflanzliche Mischwesen aus Algen und Pilzen .... 3 = ... 5 = ...
24. typische Waldformation der kühltemperierten Gebiete .... 5 = ... 7 = ...
25. Gesamtheit der Lebewesen, die nicht aktiv gegen Strömungen schwimmen können, sondern im Wasser treiben .... 2 = ... 6 = ...
26. seit einigen Jahren stark diskutierte auffällige Erscheinung, deren Ursachen noch nicht völlig geklärt sind .... 7 = ... 1 = ...

Schülerseite 30

27. ihr Vorkommen in Gewässern lässt auf Verunreinigung mit Fäkalien schließen .... 3 = ... 4 = ...
28. Pflanze am „falschen Fleck" .... 1 = ... 4 = ...
29. ein Qualitätskriterium für Gewässer .... 9 = ... 7 = ...
30. Gruppe von Bioziden .... 6 = ... 3 = ...
31. ihre Hauptverursacher sind Feuerungsanlagen, Verkehr und Industrie .... 5 = ... 9 = ...
32. für uns lebensnotwendiger Effekt; ein Anstieg muss jedoch dringendst vermieden werden .... 3 = ... 6 = ...
33. Systeme aus Luft und in ihr schwebenden kleinsten festen oder flüssigen Teilchen .... 3 = ... 1 = ...
34. meist übel riechendes Sediment, das bei der Zersetzung organischer Substanz unter Sauerstoffabschluss in Gewässern entsteht .... 7 = ... 1 = ...
35. Fachausdruck für Lebensraum .... 2 = ... 4 = ...
36. sie ernähren sich durch vollständigen Abbau (Mineralisierung) organischer Substanz .... 8 = ... 3 = ...
37. das natürliche Ende eines Sees oder Teiches .... 7 = ... 8 = ...
38. gefährlicher Vorgang in (nährstoffreichen) Gewässern bei Sauerstoffmangel .... 7 = ... 8 = ...
39. sie bauen organische Substanz aus anorganischem Material auf .... 2 = ... 4 = ...
40. Zeitraum des Wachstums von Pflanzen .... 5 = ... 2 = ...
41. im Übermaß führt sie zu gesundheitlichen Schäden nicht nur des Hörorgans .... 5 = ... 3 = ...
42. mit ca. 0,03% in der Luft enthaltenes Gas; spielt eine wichtige Rolle bei Nr. 32 .... 2 = ... 3 = ...
43. allgemeine Bezeichnung für ein Lebewesen, das typisch für einen bestimmten Umweltfaktor ist .... 6 = ... 3 = ...
44. deutsches Wort für Biozönose .... 2 = ... 1 = ...
45. Anbaugebiet von Pflanzen nur einer Art .... 3 = ... 6 = ...
46. sie benötigen organische Substanz zur Energiegewinnung, bauen sie aber nicht vollständig ab .... 7 = ... 8 = ...
47. eine sehr schädliche Art der Bewirtschaftung von Wäldern .... 2 = ... 11 = ...
48. Beseitigung von Gartenabfällen durch Verrottung .... 2 = ... 6 = ...
49. Einteilung von Gewässern nach Art und Menge ihrer Inhaltsstoffe .... 3 = ... 1 = ...
50. die Gesamtheit der biogenen organischen Substanzen .... 2 = ... 8 = ...
51. Partnerschaft zwischen Baum und Pilz .... 4 = ... 5 = ...
52. er lebt mit einem andersartigen Lebewesen zu beider Vorteil zusammen .... 7 = ... 8 = ...

Aus: Rätsel im Biologieunterricht, Aulis Verlag Deubner & Co KG, Köln, 1999

30   Lehrerseite

Lösung von Rätsel 30:

1. Verwaldung, 2. Biosphäre, 3. heterotroph, 4. Faulturm, 5. Detergenzien, 6. Nahrungskette, 7. Naturlandschaft, 8. Stickoxide, 9. Kulturlandschaft, 10. Parasit, 11. Streusalz, 12. Autoabgase, 13. Frühblüher, 14. Eutrophierung, 15. Deponie, 16. Denitrifikation, 17. Schwermetalle, 18. autotroph, 19. Schädlingsbekämpfung, 20. Schwefeldioxid, 21. Borkenkäfer, 22. Uferbereich, 23. Flechten, 24. Mischwald, 25. Plankton, 26. Waldsterben, 27. Colibakterien, 28. Unkraut, 29. Sauerstoffgehalt, 30. Insektizide, 31. Luftverschmutzung, 32. Treibhauseffekt, 33. Aerosole, 34. Faulschlamm, 35. Biotop, 36. Destruenten, 37. Verlandung, 38. Umkippen, 39. Produzenten, 40. Vegetationsperiode, 41. Lärmbelästigung, 42. Kohlenstoffdioxid, 43. Bioindikator, 44. Lebensgemeinschaft, 45. Monokultur, 46. Konsumenten, 47. Brandrodung, 48. Kompostierung, 49. Wassergüteklassen, 50. Biomasse, 51. Mykorrhiza, 52. Symbiont

Lösung: **Der Wald**
* liefert staubfreie und kuehle Luft,
* verhindert Bodenerosion,
* vermehrt das Grundwasser,
* hat Wirtschafts- und Erholungswert.

Klassenstufe: Sekundarstufe II
Schwierigkeitsgrad: ***
Benötigte Zeit: 40 - 45 Minuten

Weitere Hinweise:

Die erfragten Begriffe und Zusammenhänge spiegeln das Thema Ökologie in seiner Vielschichtigkeit wider; sie bieten einen **Querschnitt** durch die Thematik, der geeignet ist, das (Kurs)thema **zusammenzufassen** und **abschließend darzustellen**. Zahlreiche Begriffe aus dem Wortschatz der Ökologie werden erfragt, bei einer Reihe von Fragen geht es um Schadstoffe; der Wald, auf den sich auch die Lösung bezieht, kommt im Rätsel mit 6 Fragen vor, Gewässer als Ökosysteme mit weiteren 7 Fragen. Komplexe Zusammenhänge können in einem Rätsel verständlicherweise nicht in der nötigen Ausführlichkeit dargestellt werden – am schnellsten informiert man sich über den Inhalt des Rätsels, indem man die Antworten durchliest.

Die **Lösung**, die wichtige **Nutz-, Schutz- und Sozialfunktionen** des Waldes benennt, sollte man zumindest in Fällen, in denen ein anderes Ökosystem als der Wald exemplarisch im Unterricht erarbeitet wurde, zum Anlass nehmen, um einige ergänzende Bemerkungen über „den Wald" anzufügen. Als Möglichkeiten werden zwei Themen mit zugleich fächerübergreifendem Charakter (Siedlungsgeographie, Vegetationsgeographie) vorgeschlagen:

1. **„Die Entwicklung des mitteleuropäischen Waldes von der Eiszeit bis zu den heutigen Kulturforsten"** - das sind rund **15.000 Jahre Waldgeschichte** mit wechselndem Klima und steigendem Einfluss des Menschen. Dazu kann man z. B. **Pollenanalysen** heranziehen, die in zahlreichen Lehrbüchern, auch manchen Schulbüchern, wiedergegeben sind; eine Korrelation von Wald- und Siedlungsgeschichte **seit der Römerzeit**, insbesondere im **Mittelalter** mit seiner intensiven **Rodungstätigkeit**, bietet sich an; die **Nachhaltigkeit** als Prinzip **moderner Waldbewirtschaftung** wird hervorgehoben.

2. **„Die Wälder der Erde an ausgewählten Beispielen"** – das kann in dem hier vorgeschlagenen Zusammenhang vor allem bedeuten, den **Einfluss von Standortfaktoren** auf die Ausprägung eines Waldes darzustellen. **Klimadiagramme** beispielsweise zu Orten im Bereich des immergrünen tropischen Regenwaldes, des mitteleuropäischen sommergrünen Laubwaldes oder der borealen Nadelwälder der nördlichen Halbkugel finden sich in jedem größeren Atlas; die **wichtigsten groß- und kleinräumigen Standortbedingungen** (Makro-, Mikroklima, Boden, Relief, ...) können zusammengestellt und in ihrem Auswirken und wechselseitigen Ineinandergreifen bei der Entwicklung einer Waldformation diskutiert werden.

Schülerseite 31

Die Zelle
– ein Silbenrätsel –

Mit Hilfe der angegebenen Silben sind zunächst die 31 gesuchten Begriffe zu finden; die verwendeten Silben werden stets ausgestrichen, so dass zum Schluss keine Silbe übrig bleibt.

Die angegebenen Buchstaben ergeben sodann, jeweils von oben nach unten gelesen, als Lösung des Rätsels **6 Fachausdrücke**, die sich auf Struktur, Eigenschaften und Funktionen *eines* Zellbereichs beziehen.

---

a är bak blatt bo bran brü chlo chon chro cken cy de del des dra dri
e en en eu falt fu ga ge go ha hy i id id in
ka kern ko koh kom kro ku la la le le lek len len
ma mel mem men men mi mi mi mit mo mo nel nen neu nisch no no
o on or par pha pha phat phos pi plas plas plast plo
re ren ri ri ro ron ry
se se se se ser sin skop so som som spin stoff struk struk
te te te tel ten ter ter thy ti ti to to to to to to to tra tri tri tro tur tur
ul va wand was zell zell zen zep zy zy

---

1. Zellteilungsart, die in unserem Körper etwa 3 Mio. mal pro Sekunde stattfindet .... 5 = ... 4 = ...

2. energetisches „Kleingeld" der Zelle .... 3 = ... 6 = ...

3. im Mikroskop erkennbarer Träger der Erbanlagen .... 5 = ... 9 = ...

4. mit einfachem Chromosomensatz .... 6 = ... 5 = ...

5. Verbindungen zwischen Pflanzenzellen .... 1 = ... 4 = ...

6. heterotrophe Prokaryonten .... 5 = ... 8 = ...

7. Moleküle, die auf spezifische Signalstoffe ansprechen und dann Folgereaktionen auslösen .... 1 = ... 5 = ...

8. Bestandteil aller Zellen, hat selektive Permeabilität .... 5 = ... 3 = ...

9. typischer Teil der pflanzlichen Zelle, besteht aus einem Kohlenhydrat .... 2 = ... 6 = ...

10. Teil mancher Pflanzenzellen, in dem die Photosynthese stattfindet .... 9 = ... 10 = ...

11. „Eiweißnähmaschine" .... 3 = ... 7 = ...

12. Gerät zur Betrachtung ultrafeiner Strukturen .... 12 = ... 7 = ...

31 Schülerseite

13. allgemeine Bezeichnung für Zellbestandteile, die vergleichbar sind mit den Organen eines Organismus .... 7 = ... 8 = ...

14. eine Art der Aufnahme flüssiger Stoffe durch eine Zelle (das „Trinken" einer Zelle) .... 2 = ... 6 = ...

15. Zustand, in dem sich die Chromatiden verdoppeln .... 3 = ... 9 = ...

16. typischer Bestandteil einer ausdifferenzierten Pflanzenzelle, nimmt den größten Raumteil ein .... 2 = ... 7 = ...

17. älteste, d. h. zuerst angelegte Schicht einer Zellwand .... 5 = ... 3 = ...

18. Lebewesen mit Zellkern (Plural) .... 9 = ... 2 = ...

19. Reaktionsräume in der Zelle .... 4 = ... 6 = ...

20. eine Art der Aufnahme fester Stoffe durch eine Zelle .... 2 = ... 4 = ...

21. die „Kraftwerke" der Zelle .... 4 = ... 7 = ...

22. die räumliche Struktur eines Makromoleküls .... 8 = ... 3 = ...

23. System von Mikrotubuli, das bei Kernteilungen unentbehrlich ist .... 6 = ... 9 = ...

24. Membransäckchen der Chloroplasten (Singular) .... 2 = ... 8 = ...

25. Bindungskräfte zwischen polaren Molekülen .... 9 = ... 10 = ...

26. Struktur mancher Eiweißmoleküle, kommt z. B. in Seide vor .... 3 = ... 1 = ...

27. Gerät zum Trennen von Zellbestandteilen aufgrund ihrer unterschiedlichen physikalischen Eigenschaften .... 11 = ... 1 = ...

28. Grundplasma der Zelle .... 5 = ... 8 = ...

29. von gleicher Konzentration an gelösten Teilchen .... 1 = ... 7 = ...

30. Stoffgruppe, zu der z. B. Glycogen gehört .... 9 = ... 2 = ...

31. anderer Name für Nervenzelle .... 2 = ... 1 = ...

Die Lösungsworte lauten:

1. _____ 2. _____

3. _____ 4. _____

5. _____ 6. _____

Lehrerseite 31

Lösung von Rätsel 31:

1. Mitose, 2. Adenosintriphosphat, 3. Chromosom, 4. haploid, 5. Plasmodesmen, 6. Bakterien, 7. Rezeptoren, 8. Zellmembran, 9. Zellwand, 10. Chloroplast, 11. Ribosom, 12. Elektronenmikroskop, 13. Organellen, 14. Pinozytose, 15. Interphase, 16. Vakuole, 17. Mittellamelle, 18. Eukaryonten, 19. Kompartimente, 20. Phagozytose, 21. Mitochondrien, 22. Tertiärstruktur, 23. Kernspindel, 24. Thylakoid, 25. Wasserstoffbrücken, 26. Faltblattstruktur, 27. Ultrazentrifuge, 28. Cytoplasma, 29. isotonisch, 30. Kohlenhydrate, 31. Neuron

Lösungswörter, 1. Spalte: SEMIPERMEABILITAET, PHOSPHOLIPIDE
2. Spalte: OSMOSE, PLASMOLYSE, TURGOR, DIFFUSION

Klassenstufe: Sekundarstufe II (Jahrgang 11)
Schwierigkeitsgrad: **
Benötigte Zeit: 20 Minuten

Weitere Hinweise:

Das Rätsel befasst sich mit dem **Feinbau der Zelle**, wie er üblicherweise zu Beginn der Sekundarstufe II erarbeitet wird; sehr spezielle Fragen kommen im Rätsel nicht vor. Eine Reihe von Fragen (Nr. 2, 7, 8, 10, 11, 14, 19, 20, 21) und auch die sechs Lösungswörter beziehen sich auf **Eigenschaften und Funktionen von Zellbestandteilen**.

Soll die durch die Beschäftigung mit dem Rätsel vermutlich angestrebte **Stoffwiederholung** ausgiebiger ausfallen, insbesondere das Augenmerk der Schüler vom **Bau** der Zelle hin zu den **Funktionen** der Zellbestandteile gelenkt werden, kann sich der mitunter gern gebrachte **Vergleich einer Zelle mit einer Industrieanlage anschließen**. Einige der im Rätsel nicht erfragten Fachwörter kommen dadurch noch hinzu. Der Vorschlag bietet zudem die Möglichkeit, denjenigen Schülern, die besonders schnell mit dem Lösen des Rätsels fertig geworden sind, noch eine Zusatzbeschäftigung anzubieten; das Ergebnis wird an der Tafel notiert. Der Vorschlag eignet sich auch als Hausaufgabe.

Die folgende Übersicht kann in unterschiedlicher Weise erarbeitet werden, am besten gibt man den linken Teil der Tabelle vor.

Die Zelle als Produktionsstätte - zur Funktion der Zellbestandteile:

Industrieanlage	Zelle
Werkszaun	Zellmembran, (+ Zellwand bei Pflanzen)
Werkstore + Pförtner	Poren, Carrier
Werksstraßen	Endoplasmatisches Reticulum
Befehlszentrale + Steuerung	Zellkern
Baupläne	Erbsubstanz
Kraftwerke	Mitochondrien
Energielieferant (Niedrigspannung)	ATP
Werkstätten	Multienzymkomplexe, z. B. Ribosomen
einzelne Maschinen	Enzyme
Vorratsbehälter	Vesikel
Transportsystem aus der Zelle heraus	Golgi-Apparat
Müllhalde	Vakuolen (bei Pflanzen)
Rohstoffe (als Energielieferanten für Hochspannung und als Baustoffe)	aufgenommene Nährstoffe sowie bei autotrophen Zellen $H_2O + CO_2$

Naturstoffe
– ein Rätselalphabet –

Ergänzen Sie die folgenden Sätze zu sinnvollen Aussagen, und tragen Sie die gefundenen Begriffe in die dafür vorgesehenen Felder ein (Ä = AE, Ö = OE)!
Die **Lösung** des Rätsels ergibt sich, wenn Sie die Buchstaben der nummerierten Felder wie angegeben aneinander reihen.

Eiweiße oder Proteine sind hochmolekulare, aus [A] aufgebaute Stoffe.

[B] besteht aus Cellulose.

Die Fähigkeit von [C] , Energie in Form sichtbaren Lichts zu absorbieren, wird von Pflanzen genutzt, um aus Kohlenstoffdioxid und Wasser Kohlenhydrate aufzubauen.

Unter [D] versteht man die Zerstörung der räumlichen Struktur von Eiweißmolekülen.

Spiegelbildisomere heißen auch [E] ; meist ist nur die eine Form biologisch wirksam.

Das Hydrieren flüssiger Stoffe nennt man [F] .

Die einfachste Aminosäure ist das [G] .

Die Gefährlichkeit des Kohlenstoffmonooxides beruht darauf, dass es sich fester an [H] bindet als Sauerstoff.

Das Hormon [I] ist das erste Eiweiß, dessen Aminosäuresequenz aufgeklärt wurde.

[J] ist ein aus Voll- oder Magermilch durch Milchsäuregärung hergestelltes Sauermilchprodukt und hat einen Milchsäureanteil von 1 bis 1,5 %.

Besonders bekannte [K] sind die Monosaccharide Traubenzucker und Fruchtzucker sowie die Polysaccharide Stärke und Cellulose.

Unter der Bezeichnung [L] fasst man zahlreiche strukturell verschiedenartige Naturstoffe zusammen, die sich gut in unpolaren Lösungsmitteln lösen.

Im Muskel entsteht aus Glucose bei Sauerstoffmangel [M] .

Viele [N] sind Träger von Erbinformationen.

Flüssige Fette enthalten in ihren Molekülen einen hohen Anteil an ungesättigten Fettsäuren, beispielsweise [O] , Linolsäure und Linolensäure.

Eiweißartige Substanzen mit einem Eiweißanteil und einer nicht-eiweißartigen Gruppe nennt man [P] .

Sind mit einem Eiweißmolekül noch weitere Moleküle zu einer größeren Einheit zusammengelagert, so spricht man von der [Q] des Eiweißes.

Bei der Hydrolyse von [R] (Saccharose) entsteht Invertzucker, ein äquimolares Gemisch von Traubenzucker (Glucose) und Fruchtzucker (Fructose).

Cellulose und [S] sind hochmolekulare, aus Glucosemolekülen aufgebaute Verbindungen.

Nicht nur [T] hat die Summenformel $C_6H_{12}O_6$.

In der [U] waren zahlreiche Gase enthalten, jedoch kein Sauerstoff.

Die Zerlegung eines Esters mit Wasser oder einer Lauge heißt [V] .

[W] besteht ebenso wie alle anderen tierischen Fasern aus Polypeptidketten.

[X] sind Oxidationsprodukte der Carotine, sehen gelb aus und sind stets Begleiter des Blattgrüns.

Ein Mangel an Insulin führt zur [Z] .

Schülerseite 32

Lösung:

1	2	3	4	5	6	7	8	9	10	11	12	13

14	15	16	17	18	19	20	21	22	23	24	25	26

Aus: Rätsel im Biologieunterricht, Aulis Verlag Deubner & Co KG, Köln, 1999

32 Lehrerseite

Lösung von Rätsel 32:

Aminosaeuren, **B**aumwolle, **C**hlorophyll, **D**enaturierung, **E**nantiomere, **F**etthaertung, **G**lycerin, **H**aemoglobin, **I**nsulin, **J**oghurt, **K**ohlenhydrate, **L**ipide, **M**ilchsaeure, **N**ucleinsaeuren (Nuklein...), **O**elsaeure, **P**roteide, **Q**uartaerstruktur, **R**ohrzucker, **S**taerke, **T**raubenzucker, **U**ratmosphaere, **V**erseifung, **W**olle, **X**anthophylle, **Z**uckerkrankheit

Lösungsworte: KOHLENHYDRATE – FETTE – EIWEISSE

Klassenstufe:	Sekundarstufe II
Schwierigkeitsgrad:	**
Benötigte Zeit:	10 -15 Minuten

Weitere Hinweise:

Die zu vervollständigenden Aussagen sind **inhaltlich breit gefächert** und unterscheiden sich im Schwierigkeitsgrad erheblich: sie beziehen sich auf sehr **verschiedenartige chemische Strukturen von biologischer Relevanz**. Um das Rätsel mit Erfolg bearbeiten zu können, sollten den Schülern die im Rätsel gesuchten Namen und angesprochenen Zusammenhänge weitgehend bereits aus dem vorangegangenen Biologie- und/oder Chemieunterricht bekannt sein - wobei aber immer damit zu rechnen ist, dass Erlerntes nicht verfügbar ist, wenn es in einen vielleicht neuen Kontext gestellt wird. Somit bietet das Rätsel den Schülern die Gelegenheit für eine **Wiederholung** und insbesondere dafür, **sich vermeintlich Neues wieder zu vergegenwärtigen**. Die vorhandenen Anfangsbuchstaben der gesuchten Fachwörter erleichtern das Lösen sehr.

Um weitere Naturstoffe zu wiederholen, kann man mühelos mit den Schülern **ein zweites „Naturstoff-ABC"** herstellen, indem man umgekehrt wie im Rätsel vorgeht: Zu diesem Zweck werden im Folgenden **Stoffe und Begriffe** vorgeschlagen, die für den Biologieunterricht von Interesse sind und aus denen der **Lehrer** seine **Auswahl** trifft; dabei können auch Rätsel mit starker Betonung der Chemie entstehen. Die **Schüler** erarbeiten dann Formulierungen, in die diese Wörter hineinpassen; die „Sätze" sollen möglichst aussagekräftig sein und dem Unterrichtsinhalt bzw. dem Unterrichtsniveau entsprechen.

A : Amylose, Aldose, Alanin, Adenin, Adenosin(triphosphat), Acetylcholin
B : Buttersäure, Brenztraubensäure, Biuretreaktion
C : Carotin, Cellulose, Cyst(e)in, Cytosin, Cholesterin, Citronensäure
D : Disaccharid, Desoxyribose, Disulfidbrücke, Dipolmolekül
E : Essigsäure/Ethansäure, essentiell, Ester, Eiweiß, Enzym
F : Fettsäure, Fructose, Furan, Fumarsäure, Fibrin, Faltblattstruktur
G : Glucose, Glucagon, Glykogen, Glykolyse, Gärung, Glycerin(aldehyd), Guanin, Globuline
H : Hexose, Harnstoff, Helix, Hormon
I : Invertzucker, Isomerase, Ionenpumpe
J : Jodstärkereaktion (allgemeinsprachliche Schreibung)
K : Ketose, Keratin, Kalk, Katalase
L : Linol(en)säure, Lactose, Lignin
M : Monosaccharide, Malzzucker/Maltose, Milchzucker, Myoglobin
N : Nucleosid, Nucleotid, Nährstoffe
O : Oxalsäure, Olivenöl
P : Pentose, Protein, Pepsin, Peptidgruppe, Primärstruktur, Phospholipid, Pyruvat
Q : Quellung, Quecksilbersalze
R : Ribose, Racemat, Ribonucleinsäure, Rhodopsin, Radikal
S : Stearinsäure, Saccharose, Serin, Sekundärstruktur
T : Thymin, Tyrosin, Tertiärstruktur, Tri(acyl)glycerid
U : Uracil, Urease
V : Valin, Vitamine
W: Wachse, Wasserstoffbrücke
X : Xanthoproteinreaktion
Z : Zellstoff, Zucker, Zwitterion

Schülerseite 33

N + P + K
– ein Silbenrätsel über Düngemittel –

Düngemittel sind im Kampf gegen den Hunger unentbehrlich, ein unsachgemäßer Einsatz kann jedoch auch Schäden verursachen. Die **Lösung** des Rätsels bezieht sich auf diese beiden Gesichtspunkte; man erhält sie, wenn man die 25 Fachausdrücke gefunden hat, dann die **gesuchten Buchstaben** einträgt und **jeweils der Reihe nach von oben nach unten** liest. (Streichen Sie die verwendeten Silben stets aus; dann können Sie aus den verbliebenen Silben die restlichen, Ihnen vielleicht noch fehlenden Begriffe kombinieren.)

a	ab	ak	am	bak	ber	bo	bo	cal	car	chen	ci	de	den	der	drei	dün	dün	dün	dün	dün
e	ei	en	ent	fel	fi	ge	ge	ger	ger	ger	grün	gung	gung	harn	ka	ka	kip	knöll
le	li	ly	mag	mas	mehl	men	mi	mi	mo	mum	na	nähr	nat	ne	ne	ni	ni	ni	ni
on	pe	pen	pha	phos	ral	raum	re	re	ren	ri
sal	sal	säu	schaft	schafts	se	se	setz	si	spu	stoff	stoff	syn	ße
te	te	te	ter	ter	the	tho	ti	tie	trat	tri
ü	um	um	um	um	voll	wei	wirt	wirt	wit	ze	zug

1. sie sollte jeder künstlichen Düngung vorausgehen und ist unabdingbar für die Ermittlung des Düngemittelbedarfs .... 11 = ... 4 = ...

2. von *Justus v. Liebig* entdeckter Zusammenhang zwischen Pflanzenwachstum und Nährstoffgehalt eines Bodens .... 12 = ... 6 = ...

3. bakterieller Abbau von Nitraten in schlecht durchlüfteten Böden .... 2 = ... 5 = ...

4. chemischer Name für Kalk .... 5 = ... 10 = ...

5. er enthält „N + P + K" in einem ausgewogenen Verhältnis .... 8 = ... 2 = ...

6. Verbindungen, die zur Bildung der Zellmembran und der genetischen Substanz notwendig sind .... 9 = ... 1 = ...

7. Endprodukt des Eiweißstoffwechsels bei Säugetieren, hat die Formel $H_2N-CO-NH_2$ .... 3 = ... 1 = ...

8. mögliche Folge von Sauerstoffmangel in einem (zu) nährstoffreichen Gewässer .... 1 = ... 4 = ...

9. Element im Zentrum der Chlorophyllmoleküle, kann Nadelbäumen in Form von Bittersalz zugeführt werden .... 4 = ... 5 = ...

10. sie muss zum Schutz unserer Umwelt vermieden werden, ist Folge des falschen Prinzips „Viel hilft viel" .... 8 = ... 4 = ...

11. Art von Düngung, bei der speziell dafür angebaute grüne Pflanzen untergepflügt werden .... 5 = ... 9 = ...

12. von *Fritz Haber* und *Carl Bosch* entwickeltes großtechnisches Verfahren, wichtige Grundlage für die Düngemittelproduktion .... 14 = ... 5 = ...

13. Auswirkung jeder Ernte auf den Boden .... 5 = ... 15 = ...

Aus: Rätsel im Biologieunterricht, Aulis Verlag Deubner & Co KG, Köln, 1999

Schülerseite

14. historische Anbaumethode, um einer dauerhaften Verarmung des Bodens entgegenzuwirken .... 3 = ... 1 = ...

15. sie werden nur in geringen Mengen benötigt, sind aber von großer Bedeutung für ein gesundes Pflanzenwachstum .... 4 = ... 5 = ...

16. Name von KNO_3 .... 7 = ... 10 = ...

17. Naturerscheinung, durch die enorme Menge von Stickstoffoxiden in der Luft gebildet werden, welche durch den Regen in den Boden gelangen und zur Düngung beitragen .... 5 = ... 1 = ...

18. Lebewesen, die keine Aminosäuren aus organischen Substanzen aufbauen können .... 3 = ... 5 = ...

19. aus Aminosäuren aufgebaute Makromoleküle .... 1 = ... 3 = ...

20. Bakterien, die in Symbiose mit Schmetterlingsblütlern Luftstickstoff binden können .... 15 = ... 11 = ...

21. phosphathaltiger Dünger, der aus der bei der Eisenverhüttung anfallenden Schlacke hergestellt wird .... 1 = ... 8 = ...

22. allgemeine Bezeichnung für Dünger aus der Landwirtschaft (z. B. Stallmist und Gülle) .... 3 = ... 5 = ...

23. sie bilden die obere Schicht von Salzlagerstätten, werden zur Herstellung von K- und Mg- haltigen Düngemitteln verwendet .... 1 = ... 7 = ...

24. allgemeine Bezeichnung für anorganischen Handelsdünger .... 11 = ... 4 = ...

25. Säure, von der sich die Nitrate ableiten .... 1 = ... 8 = ...

Die Lösung lautet

in der 1. Spalte: _____ _____ _____ ,

in der 2. Spalte: _____ _____ _____ .

Lehrerseite 33

Lösung von Rätsel 33:

1. Bodenanalyse, 2. Minimumgesetz, 3. Denitrifikation, 4. Calciumcarbonat, 5. Volldünger, 6. Phosphate, 7. Harnstoff, 8. Umkippen, 9. Magnesium, 10. Überdüngung, 11. Gründüngung, 12. Ammoniaksynthese, 13. Nährstoffentzug, 14. Dreifelderwirtschaft, 15. Spurenelemente, 16. Kaliumnitrat, 17. Gewitter, 18. Tiere, 19. Eiweiße, 20. Knöllchenbakterien, 21. Thomasmehl, 22. Wirtschaftsdünger, 23. Abraumsalze, 24. Mineraldünger, 25. Salpetersäure

Lösung, 1. Spalte: STEIGERUNG DES ERNTEERTRAGS,
        2. Spalte: EUTROPHIERUNG DER GEWAESSER

Klassenstufe: Sekundarstufe II
Schwierigkeitsgrad: ***
Benötigte Zeit: 20 - 25 Minuten

Weitere Hinweise:

Die **chemische Seite** des Themas ist mit sieben Fragen vergleichsweise **stark betont** - dabei handelt es sich um Fragen zu Formeln und Namen von Stoffen (Nr. 4, 7, 16, 25), auch um Fragen zur Chemietechnik (Nr. 12, 21, 23).

Die Fragen mit **biologischer Ausrichtung** sind **vielschichtig**, wie man bei Durchsicht der Antworten sofort sieht - es geht um die Notwendigkeit der künstlichen Düngung und die Art ihrer Durchführung (Nr. 1, 2, 5, 11, 13, 15, 22), auch um Gefahren eines zu hohen Düngemitteleinsatzes (Nr. 8, 10); zahlreiche Fragen beziehen sich auf den Stickstoffkreislauf, etwa auf die Bindung von Luftstickstoff und den Abbau stickstoffhaltiger Verbindungen (Nr. 3, 17, 20); die Rolle bestimmter Elemente oder Verbindungen in Düngemitteln wird ebenso erwähnt (Nr. 6, 9) wie die Bildung bzw. Rolle von Aminosäuren und Eiweißen im lebenden Organismus (Nr. 18, 19).

Die folgenden Werte eignen sich für **Ergänzungen** zum Rätselthema und können in Abhängigkeit vom gewünschten Schwierigkeitsgrad auf sehr unterschiedlichem Anforderungsniveau interpretiert werden. Wichtig: Bei allen Angaben über Ertragssteigerungen ist zu beachten, dass sie in den letzten Jahrzehnten außer auf die Mineraldüngung in zunehmendem Maße auch auf züchterische Fortschritte, den Einsatz von Pflanzenschutzmitteln und eine Verbesserung der Bodenbearbeitung zurückzuführen sind.

1. Zur Entwicklung der Ernteerträge in Deutschland (in dt/ha = dz/ha)

	1800	1900	1979 (Bundesrep.)
Weizen	10,3	18,4	49,5
Roggen	9,0	14,9	37,5
Gerste	8,1	17,8	41,2
Hafer	6,8	16,6	41,1
Kartoffeln	80,0	126,0	316,0
Zuckerrüben	kein Anbau	277,0	466,4

(Werte aus: Pflanzenernährung, Verlagsgesellschaft für Ackerbau, Kassel 1980)

2. Zur Produktivität der deutschen Landwirtschaft

1850 konnten 4 Landwirte	1 zusätzliche	Person ernähren
1900 konnte 1 Landwirt	4 "	Personen "
1950 " 1 "	10 "	" "
1975 " 1 "	42 "	" "
1995 " 1 "	91 "	" "

(Werte aus: Foliensatz der Firma Bayer, 1995 - 1997)

3. Zum Zusammenhang zwischen Ernteertrag und Nährstoffentzug

durchschnittlicher Ernteertrag in Deutschland (dt/ha)		Nährstoffentzug (kg/ha)		
		N	$P(P_2O_5)$	$K(K_2O)$
Weizen	45 (= 4,5 t/ha)	112,5 - 157,5	31,5 - 63,0	90 - 112,5
Roggen		90,0 - 135,0	31,5 - 67,5	90 - 135,0
Gerste		67,5 - 112,5	36,0 - 54,0	90 - 135,0
Hafer		90,0 - 135,0	45,0 - 67,5	135 - 180,0
Kartoffeln	300 (= 30 t/ha)	135,0 - 165,0	45,0 - 60,0	225 - 270,0
Zuckerrüben	450 (= 45 t/ha)	180,0 - 247,5	67,5 - 90,0	315 - 405,0

(Werte nach: Pflanzenernährung, Verlagsgesellschaft für Ackerbau, Kassel 1980)

Zum Vergleich:
– Ein Kleefeld kann im Jahr 100 - 600 kg N / ha binden.
– Durch Gewitter werden bei uns pro Jahr ca. 10 kg N / ha gebunden, in den Tropen sind es wesentlich mehr.

4. Zum Zusammenhang zwischen Ernteertrag und Mineraldüngung

	1950	1953	1956	1960	1963
Ernteertrag (dt/ha)					
Weizen	25,8	27,5	30,2	35,6	35,1
Roggen	22,2	23,5	25,2	28,8	28,4
Gerste	24,0	26,3	21,1	32,9	31,1
Hafer	22,0	24,2	25,8	29,1	30,1
Kartoffeln	244,9	210,8	235,8	235,8	279,0
Zuckerrüben	361,6	376,5	310,3	419,9	415,5
Düngemittelverbrauch (kg/ha)					
Stickstoff (als N)	25,6	30,9	36,8	43,4	52,7
Phosphat (als P_2O_5)	29,6	32,0	39,8	46,4	53,9
Kali (als K_2O)	46,7	58,2	61,2	70,6	79,4

(Werte aus: Brockhaus-Enzyklopädie, Bd. 4, 1968)

5. Zum Ertragsgesetz (Gesetz vom abnehmenden Ertragszuwachs)

Das Gesetz des abnehmenden Ertragszuwachses ist ein allgemeingültiger produktionstheoretischer Zusammenhang. Dass dieses Gesetz auch für die Höhe erreichbarer Ernteerträge gilt, wurde von dem Landbauwissenschaftler *Eilhard Alfred Mitscherlich* bereits zu Beginn des 20. Jahrhunderts empirisch ermittelt. Bezogen auf den landwirtschaftlichen Ertragsverlauf besagt es, dass immer weiter erhöhte Zufuhren von Düngemitteln nicht zu entsprechenden Ertragssteigerungen führen; vielmehr **wird der Mehrertrag nach und nach geringer, schließlich geht der Ertrag sogar zurück - zuerst langsam, dann immer stärker.** Mit anderen Worten: jede Düngung hat ihre Grenzen, übergroße Düngermengen zeigen eine destruktive Wirkung, d. h. sie wirken nicht mehr als Wachstumsfaktor, sondern werden zum Schädigungsfaktor.

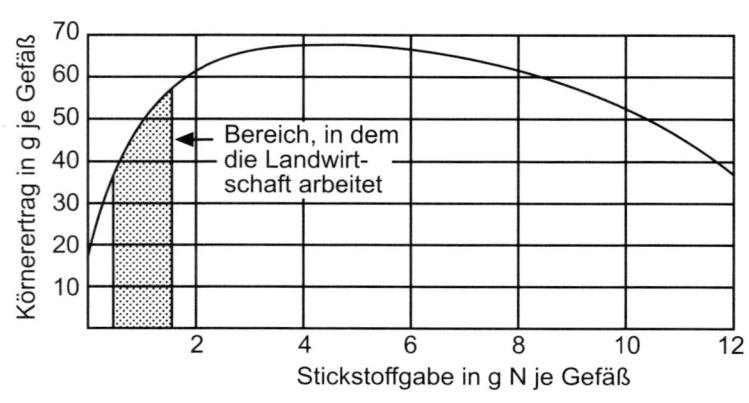

Gefäßversuche nach *Künzler:* Die Darstellung zeigt den Einfluss steigender N-Gaben auf den Ertrag von Sommerweizen.

(Abb. nach: Pflanzenernährung, Verlagsgesellschaft für Ackerbau, Kassel 1980)

Radioaktivität und Biologie
– ein Kammrätsel –

Wenn alle 23 gesuchten Begriffe gefunden und eingetragen sind (Ä = AE, Ö = OE, Ü = UE), erhält man senkrecht als **Lösungswort** eine **Eigenschaft radioaktiver Strahlen**, die je nach Strahlungsart sehr unterschiedlich ist.

1. allgemeine Bezeichnung für instabile (= radioaktive) Atomarten
2. paariges Organ, das infolge eingeatmeten Radons einer deutlich höheren Strahlenbelastung ausgesetzt ist, als es der mittleren jährlichen Ganzkörperexposition von 1,1 mSv / a entspricht
3. die energiereichsten radioaktiven Strahlen, werden u. a. zu therapeutischen Zwecken eingesetzt
4. nach dem Entdecker der Radioaktivität benannte Einheit für die Aktivität einer Strahlungsquelle (Bedeutung der Einheit: 1 Zerfall / s)
5. aus Heliumkernen bestehende radioaktive Strahlen von geringer Reichweite und hoher biologischer Wirksamkeit
6. Organ, dessen Funktion mit dem Iodisotop I-131 („Radioiod") untersucht werden kann
7. den Gammastrahlen vergleichbare, aber weniger energiereiche Strahlen, spielen in der medizinischen Diagnostik eine große Rolle
8. Veränderungen der Erbanlagen, können u. a. durch radioaktive Strahlen verursacht werden
9. Maß für die biologische Strahlenwirkung
10. optische Darstellung, wird mit Hilfe von Radionukliden zu diagonistischen Zwecken erstellt
11. dem Calcium chemisch ähnliches Element, kann bei Calciummangel in die Knochensubstanz eingebaut werden - auch sein radioaktives Isotop
12. Fachausdruck für Verunreinigung / Verseuchung mit radioaktiven Stoffen
13. Zellstadium, in dem Zellen besonders empfindlich auf radioaktive Strahlung reagieren
14. experimentell ermittelter Erfahrungswert, ist für α-Strahlen 20 mal so groß wie für β-Strahlen und γ-Strahlen
15. Maßeinheit für die Äquivalentdosis
16. körpereigene Substanz, kann (in gewissen Grenzen) geschädigte Erbsubstanz - auch durch Bestrahlung geschädigte - reparieren
17. aus Elektronen bestehende radioaktive Strahlen; entstehen, wenn in instabilen Atomkernen spontane Umwandlungen von Neutronen in Protonen stattfinden
18. allgemeine Bezeichnung für Strahlenmessgerät(e)
19. Transuran, dessen eines Isotop spaltbare Atomkerne besitzt und somit - wie das Uranisotop U-235 - als Kernbrennstoff eingesetzt werden kann
20. Bezeichnung des Wertes, unterhalb dessen keine auf radioaktive Bestrahlung zurückzuführenden Schäden nachweisbar sind; liegt für den Menschen (im Falle einer Ganzkörperbestrahlung) bei 0,25 Sv
21. Problem, das für stark radioaktive Abfälle weltweit noch nicht gelöst ist
22. „effektive"..... = Zeitspanne, innerhalb derer eine vom Körper aufgenommene radioaktive Substanz durch radioaktiven Zerfall und natürliche Ausscheidung auf 50% ihrer ursprünglichen Konzentration zurückgegangen ist
23. Verfahren zur Altersbestimmung von (bis zu ca. 50.000 Jahren alten) Fossilien mittels der β-Strahlung von C-14

Aus: Rätsel im Biologieunterricht, Aulis Verlag Deubner & Co KG, Köln, 1999

34　Schülerseite

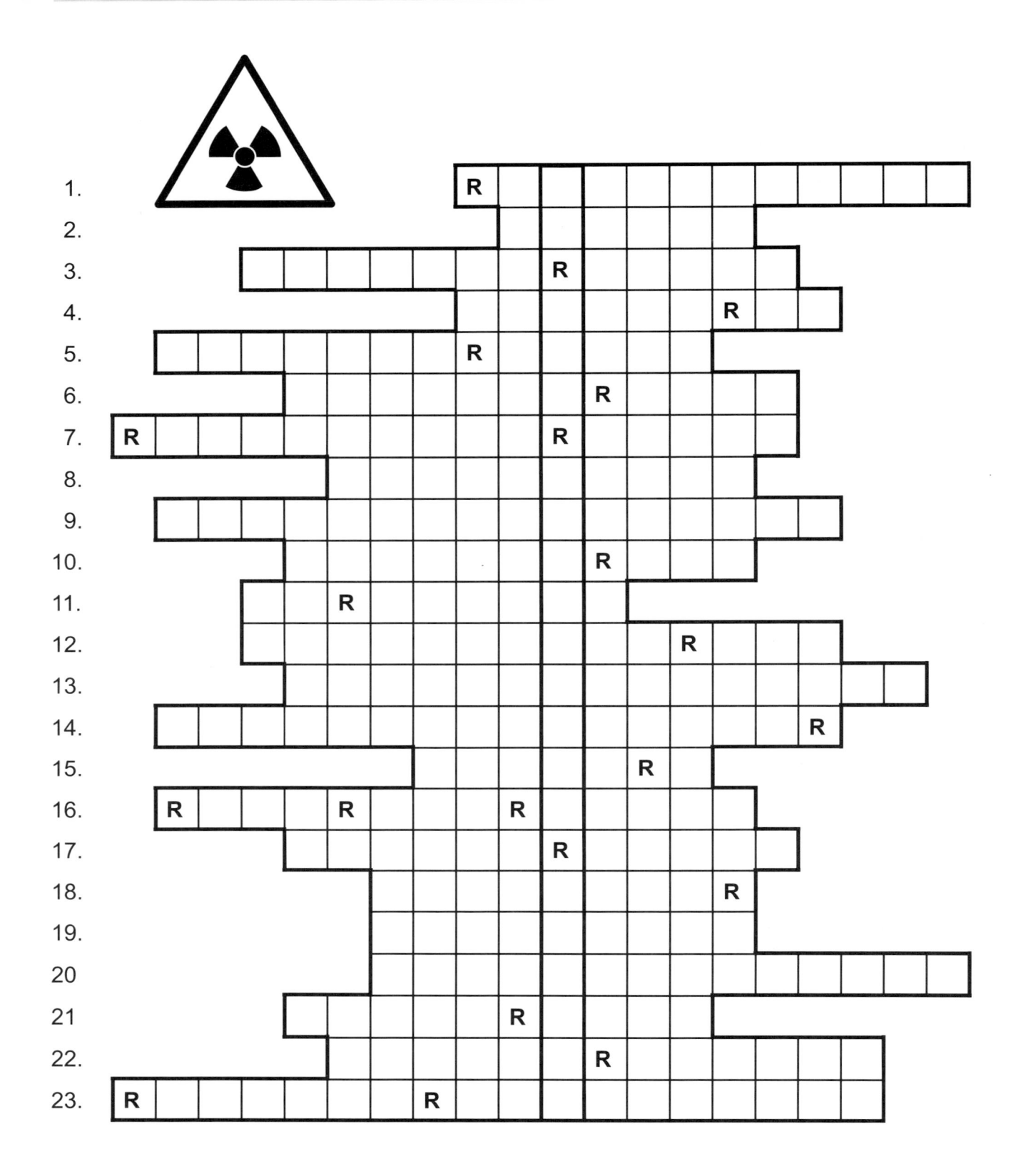

Lehrerseite 34

Lösung von Rätsel 34:

1. Ra**d**ionuklide, 2. L**u**ngen, 3. Gammast**r**ahlen, 4. Be**c**querel, 5. Alp**h**astrahlen, 6. Schil**d**druese, 7. **R**oentgenstrahlen, 8. Mutat**i**onen, 9. Aequivale**n**tdosis, 10. Szinti**g**ramm, 11. Stronti**u**m, 12. Kontami**n**ierung, 13. Teilun**g**sstadium, 14. Qualitaet**s**faktor, 15. Sie**v**ert, 16. Reparatu**r**enzym, 17. B**e**tastrahlen, 18. Dosi**m**eter, 19. Plut**o**nium, 20. Schw**e**llendosis, 21. Entsor**g**ung, 22. Halbw**e**rtszeit, 23. Radiokarbo**n**methode

Lösungswort: DURCHDRINGUNGSVERMOEGEN

Klassenstufe:	Sekundarstufe II
Schwierigkeitsgrad:	**
Benötigte Zeit:	15 Minuten

Weitere Hinweise:

Die für das Rätsel ausgewählten Begriffe zur Radioaktivität sind weitgehend **von biologischer Relevanz**, oder die Umschreibungen wurden in einen **biologischen Zusammenhang** gebracht. Daraus ergibt sich, dass den Schülern die Grundbegriffe der Radioaktivität (vom Physik- oder Chemieunterricht her) bekannt sein müssen, um das Rätsel lösen zu können.

Damit den Kollegen bei Bedarf **Zahlenmaterial** zu ergänzenden Bemerkungen oder zur Erweiterung einer Unterrichtseinheit über „Radioaktivität und Biologie" zur Verfügung steht, werden im Folgenden Werte angegeben
I. zur **Strahlenbelastung des Menschen**,
II. zu **effektiven Halbwertszeiten** und
III. zur **Radiokarbonmethode**.

Zu I. Bei der **Strahlenbelastung des Menschen** unterscheidet man natürliche und zivilisatorisch bedingte Einwirkungen.

1. **Natürliche Strahlenbelastung**
   Die mittlere Strahlendosis in Deutschland (**Ganzkörperbestrahlung**) wird hervorgerufen durch:
   kosmische Strahlung (Meereshöhe)   0,3 mSv / a
   terrestrische Strahlung *)   0,5 mSv / a   } 1,1 mSv / a **)
   Eigenstrahlung des Körpers   0,3 mSv / a

   *) Die **terrestrische** Strahlung ist abhängig von der **Wohngegend**, z. B.
      in Schleswig-Holstein: 0,14 mSv / a
      im Bayerischen Wald: 1,46 mSv / a

) Die Belastung **einzelner Organe ist deutlich **höher**:
      Lungen (durch Inhalation von Radon und Folgeprodukten): 12 mSv / a
      Knochen: 1,6 mSv / a

2. **Die zivilisatorisch bedingte Strahlenbelastung** wird im wesentlichen hervorgerufen durch:
   Medizin (Röntgendiagnostik) ***)   0,5 mSv / a
   3 Stunden Jetflug pro Jahr ***)   0,03 mSv / a   } 0,55 mSv / a
   Fernsehen   0,01 mSv / a
   Kernkraftwerke   0,01 mSv / a

   ***) Die zeitliche Verteilung der Einwirkungen spielt eine wesentliche Rolle für das Auftreten möglicher Schäden; dieser Aspekt geht aus der Tabelle aber nicht hervor.

(Werte aus: Kernenergie / Basiswissen; Informationskreis Kernenergie, Bonn)

Zusammenhang zwischen Äquivalentdosis und Energiedosis:
Äquivalentdosis (Sievert) = Energiedosis (Gray) · Qualitätsfaktor

34 | Lehrerseite

Die Qualitätsfaktoren geben Auskunft über die biologische Wirksamkeit verschiedener Strahlungsarten; es sind **empirisch ermittelte Werte**. (Je größer die Werte von Q, desto höher die biologische Wirksamkeit.)

Q = 1 für Röntgenstrahlen, β-Strahlen und γ-Strahlen
Q = 2,3 für langsame Neutronen
Q = 10 für schnelle Neutronen und für Protonen
Q = 20 für α-Strahlen

(Werte ebenfalls aus: Kernenergie / Basiswissen)

Schwellendosis für erste klinisch fassbare Strahlenschäden nach akuter
Ganzkörperbestrahlung: 0,25 Sv (= 25 rem)
Mittelletale Dosis: 3 - 6 Sv (= 300 - 600 rem)
Letale Dosis: 6 - 10 Sv (= 600 - 1000 rem)
(Werte aus: Strahlenschutz, Radioaktivität und Gesundheit; Kernforschungsanlage Jülich)

Zu II.

Die effektive Halbwertszeit ist die Zeit, in der in einem biologischen System die Menge eines inkorporierten Radioisotops auf die Hälfte abnimmt; sie beruht auf dem **Zusammenwirken von radioaktivem Zerfall** (physikalische Halbwertszeit) **und Ausscheidung infolge biologischer Prozesse** (biologische Halbwertszeit).

Beispiele (Werte aus: Lexikon zur Kernenergie; Kernforschungszentrum Karlsruhe):

Radionuklid	t (phys)	t (biol)	t (eff)
I-131	8 d	120 d	7,5 d
Cs-134	2,1 a	110 d	96 d
Cs-137	30,2 a	110 d	109 d

Faustregel für die aus physikalischer Halbwertszeit t (phys) und biologischer Halbwertszeit t (biol) sich ergebende effektive Halbwertszeit t (eff): Sie liegt stets unter dem niedrigeren der beiden Werte und zwar je näher an diesen, desto stärker sich t (phys) und t (biol) unterscheiden.

Mathematische Formulierung des Zusammenhangs:

$$\frac{0,69}{t(\text{eff})} = \frac{0,69}{t(\text{phys})} + \frac{0,69}{t(\text{biol})}$$

Die Quotienten bedeuten Zerfallskonstanten bzw. Verweilkonstanten

Aus dieser Gleichung ergibt sich für die effektive Halbwertszeit:

$$t(\text{eff}) = \frac{t(\text{phys}) \cdot t(\text{biol})}{t(\text{phys}) + t(\text{biol})}$$

Zu III.

Die **Erzeugung von C-14** durch (n, p) - Reaktionen langsamer Neutronen der kosmischen Strahlung mit Stickstoffatomen der oberen Atmosphäre (a) und der **β-Zerfall von C-14** (b) bilden einen **stationären Zustand**.

(a) $\quad ^{14}_{7}\text{N} + ^{1}_{0}\text{n} \rightarrow ^{14}_{6}\text{C} + ^{1}_{1}\text{p}$

(b) $\quad ^{14}_{6}\text{C} \rightarrow ^{14}_{7}\text{N} + ^{0}_{-1}\text{e}$

Der (annähernd konstante) **Gehalt von C-14** in der Atmosphäre führt **im lebenden Organismus** zu rund **230 Bq pro kg C**; a. a. O. werden angegeben: 13,5 Zerfälle pro Minute und g C (= 225 Zerfälle pro Sekunde und kg C), auch 15,3 Zerfälle pro Minute und g C (= 255 Zerfälle pro Sekunde und kg C).
Die HWZ von C-14 beträgt 5730 a, in der Literatur differieren die Werte auch hierfür (geringfügig). Die Radiokarbonmethode eignet sich zur Altersbestimmung **für bis vor rund 40.000 Jahren abgestorbene Funde**. (Nach 10 Halbwertszeiten ist die Radioaktivität eines Radionuklids de facto abgeklungen.)

| | Lehrerseite | **34** |

Zur **Messgenauigkeit** der Radiokarbonmethode:
– Der Gehalt an C-14 in der Atmosphäre war im Laufe der Erdgeschichte nicht völlig konstant, wodurch Abweichungen in der Altersbestimmung gegenüber der (genaueren) Dendrochronologie entstehen.
– Die massive Erzeugung von CO_2 in diesem Jahrhundert durch die Verbrennung fossiler Brennstoffe (die ärmer an C-14 sind als lebende organische Substanz) führt(e) zu einer Vergrößerung des Anteils an C-12 in der Atmosphäre; seit den 50er Jahren ist eine Reduktion von 5 % C-14 zu beobachten.

Da die mathematischen Kenntnisse der Schüler meist (noch) nicht ausreichen, um Anwendungsbeispiele berechnen zu können, lässt man sie **graphisch** lösen. Dazu **zeichnen die Schüler eine Zerfallskurve** auf Karo- oder mm-Papier, an der sie dann die zu den angegebenen Aktivitätswerten gehörenden Zeiten ablesen.

Einteilung der x-Achse: 1000 Jahre = 1 cm,
y-Achse: 10 Bq = 0,5 cm (besser noch 1 cm).

Es müssen **angegeben** werden: die HWZ von C-14 (5730 a) und die Aktivität von 1 kg C lebenden organischen Materials (230 Bq / kg C).

Beispiele:
① Ein **hölzernes Fundstück** zeigt noch eine Aktivität von 150 Zerfällen pro Sekunde und kg C (150 Bq / kg C). Wann wurde der Baum, aus dessen Holz der Gegenstand gefertigt wurde, gefällt?
Ergebnis: vor ca. 3500 Jahren
② An 100 g einer Kohlenstoffprobe, die von einem **Knochenfund** einer domestizierten Hundeform aus Mesopotamien stammt, werden noch 6,5 Zerfälle pro Sekunde gemessen. Vor wieviel Jahren bzw. wann gab es dort bereits Haustierhaltung?
Ergebnis: vor rund 10.500 Jahren, also ca. 8500 Jahre v. Chr.

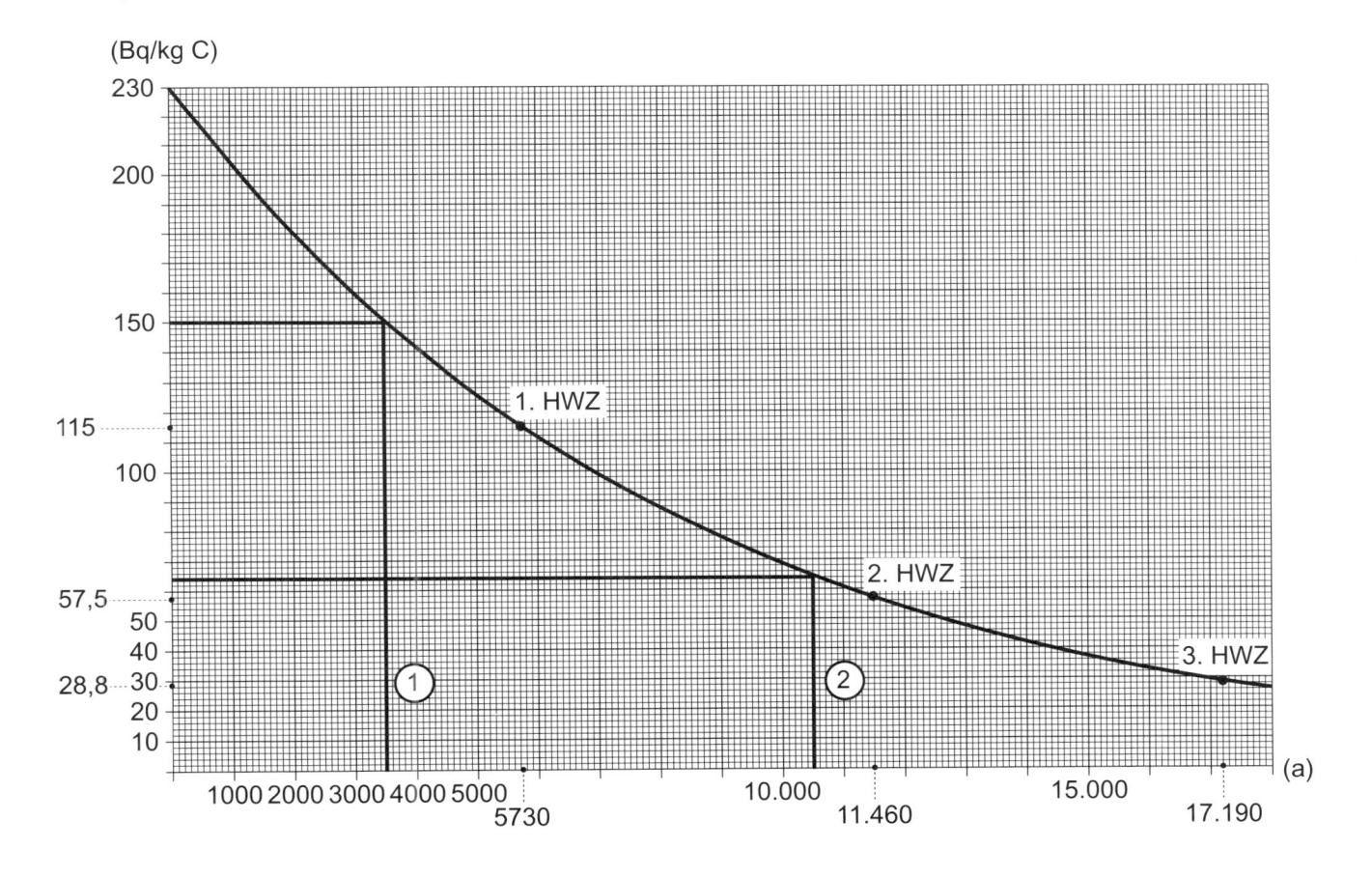

35 Schülerseite

Wer war's?
– ein Briefmarkenrätsel (Variante 1) –

Hier findest du, nach Geburtsdaten sortiert, 10 bedeutende Naturwissenschaftler auf Briefmarken. Ordne ihre Namen den folgenden 10 Fragen zu! (Auf den Briefmarken findest du einige Angaben, die dir dabei helfen können). Notiere rechts neben deinen Antworten auch jeweils den bei der betreffenden Briefmarke stehenden Buchstaben - die 10 Buchstaben ergeben dann der Reihe nach das Lösungswort.

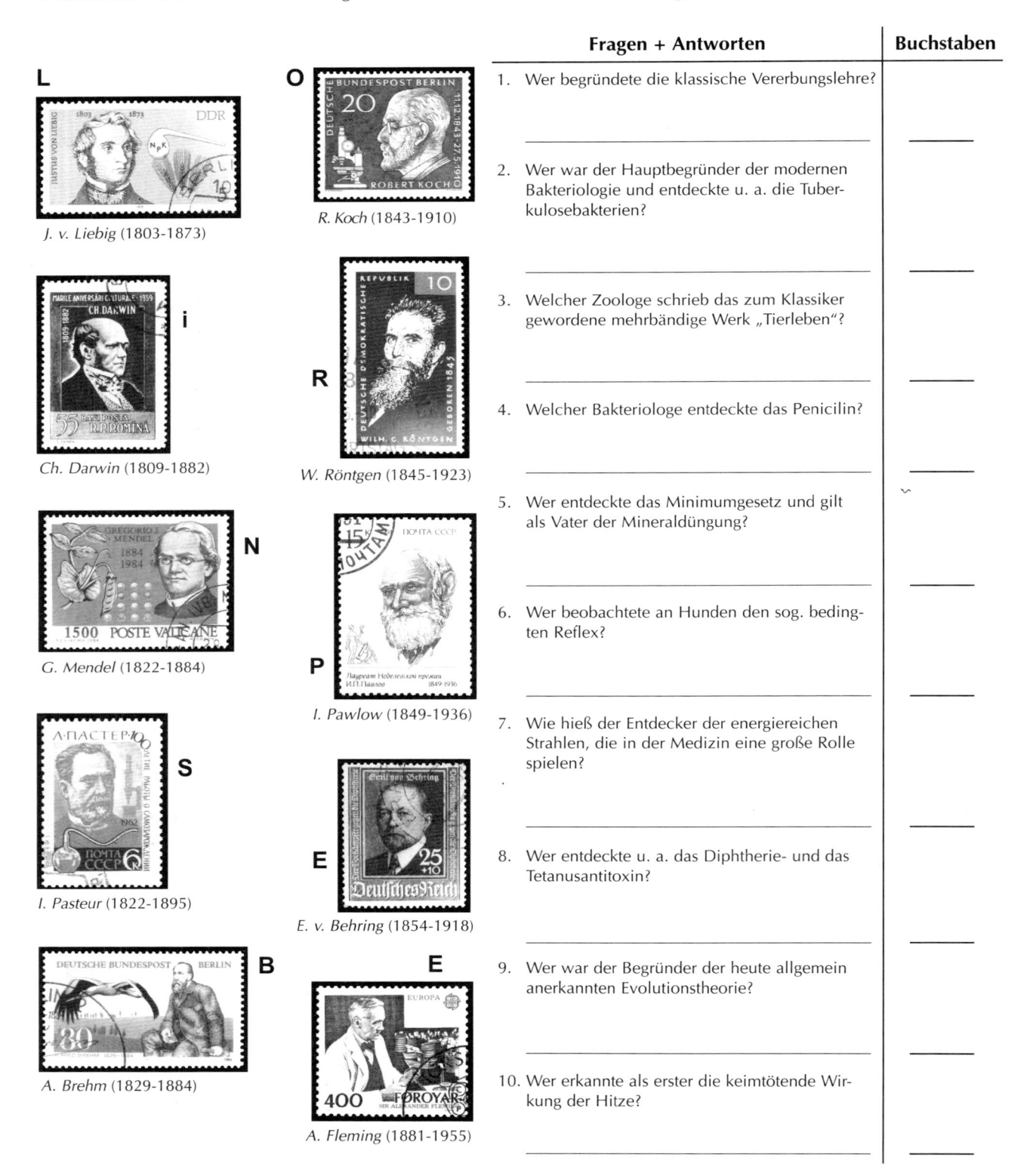

Briefmarken	Fragen + Antworten	Buchstaben
L J. v. Liebig (1803-1873)	1. Wer begründete die klassische Vererbungslehre?	
O R. Koch (1843-1910)	2. Wer war der Hauptbegründer der modernen Bakteriologie und entdeckte u. a. die Tuberkulosebakterien?	
i Ch. Darwin (1809-1882)	3. Welcher Zoologe schrieb das zum Klassiker gewordene mehrbändige Werk „Tierleben"?	
R W. Röntgen (1845-1923)	4. Welcher Bakteriologe entdeckte das Penicilin?	
N G. Mendel (1822-1884)	5. Wer entdeckte das Minimumgesetz und gilt als Vater der Mineraldüngung?	
P I. Pawlow (1849-1936)	6. Wer beobachtete an Hunden den sog. bedingten Reflex?	
S l. Pasteur (1822-1895)	7. Wie hieß der Entdecker der energiereichen Strahlen, die in der Medizin eine große Rolle spielen?	
E E. v. Behring (1854-1918)	8. Wer entdeckte u. a. das Diphtherie- und das Tetanusantitoxin?	
B A. Brehm (1829-1884)	9. Wer war der Begründer der heute allgemein anerkannten Evolutionstheorie?	
E A. Fleming (1881-1955)	10. Wer erkannte als erster die keimtötende Wirkung der Hitze?	

Aus: Rätsel im Biologieunterricht, Aulis Verlag Deubner & Co KG, Köln, 1999

Schülerseite 35

Berühmte Forscher
– ein Briefmarkenrätsel (Variante 2) –

Wenn dir bekannt ist, warum die abgebildeten Naturwissenschaftler für uns von besonderer Bedeutung sind, dann findest du die gesuchten Begriffe - z. B. wissenschaftliche Erkenntnisse oder Forschungsergebnisse - mit Leichtigkeit; einige Briefmarken enthalten auch Hinweise auf die im Text fehlenden Begriffe. Das **Lösungswort** ergibt sich aus den 10 eingerahmten Buchstaben. Wie lautet es? Was weißt du darüber?

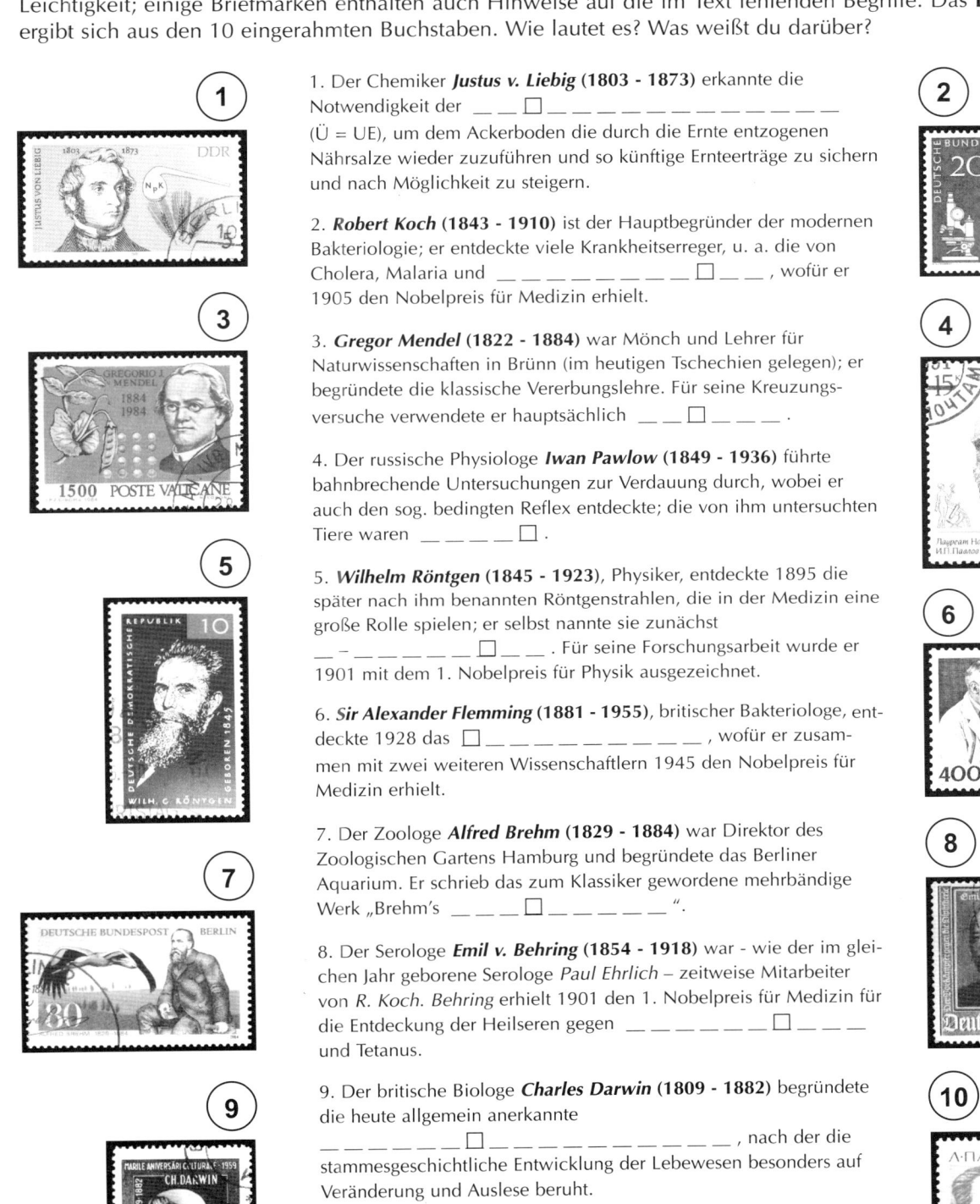

1. Der Chemiker *Justus v. Liebig* (1803 - 1873) erkannte die Notwendigkeit der _ _ ☐ _ _ _ _ _ _ _ _ _ _ _ (Ü = UE), um dem Ackerboden die durch die Ernte entzogenen Nährsalze wieder zuzuführen und so künftige Ernteerträge zu sichern und nach Möglichkeit zu steigern.

2. *Robert Koch* (1843 - 1910) ist der Hauptbegründer der modernen Bakteriologie; er entdeckte viele Krankheitserreger, u. a. die von Cholera, Malaria und _ _ _ _ _ _ _ _ _ ☐ _ _ , wofür er 1905 den Nobelpreis für Medizin erhielt.

3. *Gregor Mendel* (1822 - 1884) war Mönch und Lehrer für Naturwissenschaften in Brünn (im heutigen Tschechien gelegen); er begründete die klassische Vererbungslehre. Für seine Kreuzungsversuche verwendete er hauptsächlich _ _ ☐ _ _ _ _ .

4. Der russische Physiologe *Iwan Pawlow* (1849 - 1936) führte bahnbrechende Untersuchungen zur Verdauung durch, wobei er auch den sog. bedingten Reflex entdeckte; die von ihm untersuchten Tiere waren _ _ _ _ ☐ .

5. *Wilhelm Röntgen* (1845 - 1923), Physiker, entdeckte 1895 die später nach ihm benannten Röntgenstrahlen, die in der Medizin eine große Rolle spielen; er selbst nannte sie zunächst _ - _ _ _ _ _ ☐ _ _ . Für seine Forschungsarbeit wurde er 1901 mit dem 1. Nobelpreis für Physik ausgezeichnet.

6. *Sir Alexander Flemming* (1881 - 1955), britischer Bakteriologe, entdeckte 1928 das ☐ _ _ _ _ _ _ _ _ _ , wofür er zusammen mit zwei weiteren Wissenschaftlern 1945 den Nobelpreis für Medizin erhielt.

7. Der Zoologe *Alfred Brehm* (1829 - 1884) war Direktor des Zoologischen Gartens Hamburg und begründete das Berliner Aquarium. Er schrieb das zum Klassiker gewordene mehrbändige Werk „Brehm's _ _ _ _ ☐ _ _ _ _ _ ".

8. Der Serologe *Emil v. Behring* (1854 - 1918) war - wie der im gleichen Jahr geborene Serologe *Paul Ehrlich* – zeitweise Mitarbeiter von *R. Koch*. *Behring* erhielt 1901 den 1. Nobelpreis für Medizin für die Entdeckung der Heilseren gegen _ _ _ _ _ _ ☐ _ _ _ _ und Tetanus.

9. Der britische Biologe *Charles Darwin* (1809 - 1882) begründete die heute allgemein anerkannte _ _ _ _ _ _ _ _ ☐ _ _ _ _ _ _ _ _ _ _ , nach der die stammesgeschichtliche Entwicklung der Lebewesen besonders auf Veränderung und Auslese beruht.

10. *Louis Pasteur* (1822 - 1895), französischer Chemiker und Biologe, arbeitete u. a. über Mikroorganismen. Er erkannte die keimtötende Wirkung von Hitze. Hierauf beruht das sogenannte _ _ _ _ _ _ _ _ _ ☐ _ _ _ _ , ein nach ihm benanntes Verfahren zum Haltbarmachen von Lebensmitteln.

Aus: Rätsel im Biologieunterricht, Aulis Verlag Deubner & Co KG, Köln, 1999

35 — Lehrerseite

Lösung zu Rätsel 35:

Variante 1: 1. *Mendel*, 2. *Koch*, 3. *Brehm*, 4. *Fleming*, 5. *Liebig*, 6. *Pawlow*, 7. *Röntgen*, 8. *Behring*, 9. *Darwin*, 10. *Pasteur*

Variante 2: 1. Mineraldüngung, 2. Tuberkulose, 3. Erbsen, 4. Hunde, 5. X-Strahlen, 6. Penicillin, 7. Tierleben, 8. Diphtherie, 9. Evolutionstheorie, 10. Pasteurisieren

Lösungswort (zu beiden Varianten): NOBELPREIS

Klassenstufe:	8. - 10. (Variante 1)	9. - 10. (Variante 2)
Schwierigkeitsgrad:	*	**
Benötigte Zeit:	maximal 10 Minuten	10 - 15 Minuten

Weitere Hinweise:

Das Rätsel über „Naturwissenschaftler auf Briefmarken" (4 Bakteriologen, 4 Biologen, 1 Chemiker, 1 Physiker) wird in **zwei Varianten** angeboten, die **inhaltlich vergleichbar** sind, sich jedoch – bedingt durch **verschiedenartige Konstruktion und Fragetechnik** – deutlich **im Anforderungsniveau unterscheiden**.

Im **1. Fall** geht es darum, dass wissenschaftlichen Leistungen oder Forschungsergebnissen die richtigen Personen aus dem „Angebot" der 10 Porträts zugeordnet werden. Die **2. Version** ist ein Lückentext: In kurze Texte über die 10 abgebildeten Wissenschaftler sind deren wichtigste Forschungsobjekte, Verdienste oder Erkenntnisse einzusetzen, was ungleich **schwerer** ist.

Mit dem Briefmarkenrätsel lässt sich z. B. eine **letzte Stunde vor Ferienbeginn** noch sinnvoll nutzen; auch bei anderen „besonderen Anlässen" kann man es in eigenen Biologieklassen gut verwenden. Schüler, die selbst Briefmarken sammeln, werden sich von dem Rätsel besonders angesprochen fühlen.

Zu Variante 1:
- Die Briefmarken sind nach den Geburtsdaten der Wissenschaftler sortiert; das könnte für eine anschließende kurze Betrachtung des „Werdegangs" der Biologie von Interesse sein.
- Die Briefmarken sind besonders schnell gefunden (die Namen richtig „verteilt"), wenn es den Schülern gelingt, aus den neben den Briefmarken stehenden Buchstaben das Lösungswort NOBELPREIS zu kombinieren; pfiffige Schüler kommen meist auf diesen Trick.
- Hinweise auf den Briefmarken zu Frage 5 (nach *Liebig*) und Frage 8 (nach *Behring*) können das Antworten erleichtern; dazu müssen sich die Schüler natürlich alle Marken auch genau ansehen.
- Wenn die Schüler den Hinweis auf der Marke von *Behring* übersehen, kann es zu einer Verwechslung der Antworten zu Frage 4 (*Fleming*) und Frage 8 (*Behring*) kommen, da beide Marken den Buchstaben „E" zum Lösungswort beisteuern.

Zu Variante 2:
- Die Briefmarken sind so verteilt, dass sie sich als Illustrationen jeweils genau links bzw. rechts vom zugehörigen Text befinden.
- Die Briefmarken von *Mendel* (Nr. 3) und *Behring* (Nr. 8) enthalten Hinweise auf die Antworten, was die Schüler aber nur beim genauen Betrachten aller Marken bemerken.
- Eine wichtige Lösungshilfe ist die jeweils angegebene Buchstabenzahl der fehlenden Begriffe. Die Fachausdrücke Minimumgesetz und Evolutionstheorie sollten den Schülern aus dem vorangegangenen Unterricht bekannt sein, anderenfalls muss der Lehrer beim Lösen etwas mithelfen.
- Das Lösungswort NOBELPREIS kann nicht (wie in Variante 1) bereits vorab entdeckt werden; sobald es aber gefunden ist, liefert es immerhin für jede noch offene Antwort einen Buchstaben.